ATITUDE

CATANDUVA, SP
2025

ATITUDE

REFLEXÕES E POSTURAS QUE TRAZEM PAZ

ANDREI MOREIRA

PRECE DA SERENIDADE

"CONCEDE-ME, SENHOR, A SERENIDADE NECESSÁRIA PARA ACEITAR AS COISAS QUE EU NÃO POSSO MODIFICAR, CORAGEM PARA MODIFICAR AQUELAS QUE EU POSSO E SABEDORIA PARA DISTINGUIR UMAS DAS OUTRAS.

VIVENDO UM DIA DE CADA VEZ, DESFRUTANDO UM MOMENTO DE CADA VEZ, ACEITANDO AS DIFICULDADES COMO UM CAMINHO PARA ALCANÇAR A PAZ E CONSIDERANDO, COMO TU, ESTE MUNDO COMO ELE É E NÃO COMO EU GOSTARIA QUE FOSSE."

DEDICATÓRIA

AO MEU AVÔ PATERNO, JOSÉ MARIA DE SOUZA, UM HOMEM DE FIBRA, GARRA E MUITA ATITUDE. DEVEMOS MUITO A VOCÊ, VOVÔ! GRATIDÃO.

À MINHA AVÓ PATERNA, MARIA DA CONCEIÇÃO MACHADO DE SOUZA, E À MINHA AVÓ MATERNA, MARIA JUDITH FREIRE MOREIRA, QUE ME DEMONSTRARAM TANTAS DESSAS ATITUDES QUE AQUI DESCREVO E QUE AINDA PRECISO APRENDER. GRATIDÃO.

AO MEU AVÔ MATERNO, LOURENÇO MOREIRA DIAS, POR SEU LEGADO DE ALEGRIA E DIGNIDADE. GRATIDÃO, VOVÔ.

SUMÁRIO

P
PREFÁCIO
16

1
INTRODUÇÃO
22

1
MERGULHO INTERIOR
30

2
POSTURAS QUE TRAZEM PAZ
38

3
ATITUDE DE GRATIDÃO
50

4
ATITUDE DE ACEITAÇÃO
60

5
ATITUDE DE PRESENÇA
70

6
ATITUDE COMPASSIVA
82

7

DECIDIR E AGIR, SEM PROCRASTINAR
94

8

ATITUDE DE CORAGEM: A AÇÃO DO CORAÇÃO
104

9

DESISTIR PARA CRESCER
116

10

TOMAR O AMOR DE PAI E MÃE
126

11

ASSUMIR A GRANDEZA DE SER PEQUENO E COMUM
138

12

PODER REAL x IMPORTÂNCIA PESSOAL
148

13

RESPEITO À ORDEM: OS CINCO CÍRCULOS DO AMOR
158

14
ACOLHER E CUIDAR DA CRIANÇA INTERIOR
168

15
ACOLHER A SOMBRA E A LUZ QUE HABITA NELA
130

16
ACOLHER A BELEZA DA IMPERMANÊNCIA DA VIDA
192

17
AMAR AS PESSOAS MAIS DO QUE OS VALORES
202

18
RESSIGNIFICAR TRAUMAS E DORES
210

19
CONSTRUIR NOVOS HÁBITOS E NOVOS MAPAS NEURAIS
220

20
PERDÃO: ESVAZIANDO O BAÚ DAS EXPECTATIVAS
230

21
ASSUMIR AS CULPAS E SEGUIR ADIANTE
240

22
ATITUDE DE CONTEMPLAÇÃO
250

23
ATITUDE DE PACIÊNCIA: A ESPERA ATIVA
260

24
ATITUDE DE HUMILDADE
270

25
ENTENDER x PERCEBER
280

26
ATITUDE DE FRATERNIDADE: CONEXÃO COM O SAGRADO
288

27
ESPIRITUALIDADE PRÁTICA, VIVA E ATIVA
302

PREFÁCIO

ERA UMA TARDE NUBLADA DE SÁBADO.
Meu marido e eu conversávamos:

— Sabe, Gu, já fiz tanta coisa na vida... Agora, a minha sensação é que não tem mais desculpa: é tempo de ser feliz. Não existem mais culpados ou responsáveis. Há tanto sonho e ainda quero fazer muitas coisas que tenham significado e relevância. Não tenho mais tempo para perder com o que não acrescenta.

— Mas não há nada que te impeça de fazer o que você quer. Só falta atitude.

— É... atitude! À medida que chego perto de completar 40 anos, sinto muitas coisas se passando dentro de mim. A alma não segue padrões cronológicos nem estereótipos sociais, mas aproveita o que acontece do lado de fora para incentivar o que precisa acontecer por dentro. Ela usa muitos recursos para captar nossa atenção e não nos deixar estagnados ou vivendo por aí, distraídos, emaranhados em outros destinos. Somos todos dotados de um força interna, de uma sabedoria que sempre quer nos levar para o "mais", para a inteireza, para o amadurecimento psicológico. Nas encruzilhadas da vida, quando estamos atentos e receptivos, os sinais sempre chegam, a ajuda sempre vem.

"Sincronicidade: para quem ousa ver além do trivial, eventos se cruzam sem uma causa aparente e se conectam por meio de um sentido mais profundo." No mesmo dia em que escrevi esse texto, no período da noite, recebi uma mensagem pelo celular: "Ei, querida, me avise quando estiver aí, *please*. Quero te contar algo".

Andrei e eu somos amigos há muitos anos; foi um desses encontros bons que a vida proporciona. Apesar de estarmos longe fisicamente, sempre ajudamos um ao outro e torcemos pela felicidade um do outro.

Acompanhando sua jornada, vejo que o caminho de se tornar mais autêntico, mais inteiro, refletiu positivamente nos outros papéis: de médico, constelador, orador e escritor. Andrei foi se livrando de muitas camadas e ficando mais próximo daquilo que o conecta com o essencial, com o simples, com o fluxo da vida. "Ligado em 220 volts" e com uma personalidade naturalmente empreendedora, ele tem o impulso de ir atrás do seu propósito: arrisca-se, cria, inova, realiza.

Pessoas como ele levam consigo a espada da bravura e enfrentam, talvez, o maior dos desafios de galhardia: o encontro com as próprias fragilidades, com os fracassos, as feridas e as posturas internas que não agregam. Pessoas corajosas enfrentam e abraçam o necessário, ainda que seja mais fácil fingir não ter fragilidades ou deixar como está: isso é atitude.

Vale ressaltar que o movimento de deixar para trás as expectativas de se tornar especial para acolher a beleza de ser comum e poder seguir evoluindo com gratidão e leveza está sendo um processo de muitos mergulhos; mergulhos que o Andrei viveu em águas calmas e em águas turvas; mergulhos que seguem no mar imenso de dentro.

Nesses mergulhos, encontrando tesouros esquecidos e adormecidos, sua postura não é a de se calar ou guardar o que é valioso. De volta à superfície, ele ajusta as velas, compartilha e serve à vida, ajudando outras pessoas em suas próprias experiências e travessias: isso é atitude.

Um mês antes de este livro nascer, tive um sonho muito simbólico, e, como o Andrei estava nele, não guardei só para mim. O sonho é do sonhador, mas também para ele as imagens oníricas chegaram como aquelas cartas que não podem deixar de ser lidas.

A ideia do livro nem existia, mas, assim como o sonho que tive, que inspirou o capítulo sobre a beleza da impermanência da vida, outros sinais vieram e ficou claro que, com tantas sincronicidades, era hora de ele dar forma ao projeto.

Boa foi a surpresa de saber que o livro estava nascendo, e eu não poderia deixar de relatar que, no mesmo dia em que tive aquela conversa "cabeça" com o meu marido, chegaram a notícia e o título deste livro: **ATITUDE**.

Essas conexões me inspiram com ares de Providência, a guardiã dos navegantes. Sigo confiante e me confesso um tanto faceira, pois realmente acredito que esta obra chega até você por alguma razão, como aqueles mapas do tesouro escondidos em uma garrafa que é lançada ao mar. Mas, a exemplo de muitos filmes em que, depois de uma saga sem fim, o herói descobre que o tesouro estivera o tempo todo perto de si, acessível, Andrei vem nos lembrar que o essencial a ser feito é simples e está ao nosso alcance.

BIANCA GANUZA

Psicóloga, pós-graduada em Psicologia Junguiana e em Psico-oncologia. Escritora e autora de várias obras sobre educação emocional destinadas a adultos e crianças.

ANDREI VIVEU MERGULHOS EM ÁGUAS CALMAS E EM ÁGUAS TURVAS; MERGULHOS QUE SEGUEM NO MAR IMENSO DE DENTRO.

NESSES MERGULHOS, ENCONTRANDO TESOUROS ESQUECIDOS E ADORMECIDOS, SUA POSTURA NÃO É A DE SE CALAR OU GUARDAR O QUE É VALIOSO. DE VOLTA À SUPERFÍCIE, ELE AJUSTA AS VELAS, COMPARTILHA E SERVE À VIDA, AJUDANDO OUTRAS PESSOAS EM SUAS PRÓPRIAS EXPERIÊNCIAS E TRAVESSIAS: ISSO É ATITUDE.

INTRODUÇÃO

O PESSIMISTA QUEIXA-SE
DO VENTO, O OTIMISTA ESPERA
QUE ELE MUDE E O REALISTA
AJUSTA AS VELAS.

»WILLIAM GEORGE WARD

É FATO: NÃO É A POSIÇÃO DO VENTO QUE decide o destino, mas a posição das velas. Independentemente das circunstâncias, há sempre um poder interior capaz de determinar o direcionamento da vida, e ele se manifesta por meio das atitudes que requerem presença, centramento e conexão com o que nos move desde o mais profundo.

É sempre lindo ver a força de alguém que descobre a riqueza do seu poder pessoal a partir da grandeza de ser pequeno e comum, ou da leveza de honrar e respeitar a sua fonte e todos os amores que o compõem.

Tem muita dignidade o movimento que inclui o que está fragmentado, que acolhe o que é sombrio, que se alegra com o que é possível e que aceita o real como ele é.

É imensamente forte a presença no aqui e no agora, no acolhimento da impermanência da vida, na capacidade de desfrutar as riquezas de relacionamentos imperfeitos e genuínos, sem tantas projeções e expectativas.

Produzem uma cura profunda a generosidade que é compassiva e humana; o abraço que acolhe a criança interior e que oferece a ela o que ela necessita; a responsabilidade do adulto que cuida de si e que troca com seus iguais de maneira equilibrada; o "sim" à vida e seus personagens, como foram ou são, dentro do que é possível.

Há profunda libertação no perdão que humaniza e conecta por meio do afeto real, e na percepção de que nenhuma pessoa é vítima de nada nem de ninguém, senão quando confere e transfere ao outro o direito de definir a sua experiência.

A vida é grandemente farta e abundante de bênçãos e recursos para a paz e para a felicidade quando percebemos que esta não é um destino, mas um caminho, e que tudo depende da maneira como trilhamos esse percurso, que não é feito de teorias e belas explanações, mas de atitudes que nos levam a um passo adiante, e além.

Como médico, constelador familiar, trabalhador espírita e membro de um movimento de fraternidade universal, tenho a alegria de ver, acompanhar e, por vezes, ajudar pessoas a perceber aspectos sadios de si mesmas que as conectam à essência e que as motivam a ter posturas que trazem paz.

Percebo que as pessoas que se movem em ações concretas de amor por si mesmas e pelo outro se enchem de força e movimentam a vida. Elas não são especiais; são seres humanos comuns que decidiram ter atitudes transformadoras que nascem de dentro para fora, e que se fortalecem nos inúmeros recursos que a vida oferta a quem decide ajustar as velas na direção e no rumo certo de seus melhores sonhos de amor.

Logo após me formar, trabalhei, por seis anos e meio, como médico de saúde da família em uma unidade do Sistema Único de Saúde (SUS) em Belo Horizonte. Todos os dias, pessoas com enfermidades físicas ou emocionais crônicas que eram consideradas de difícil abordagem por todos nós da equipe profissional chegavam em busca de acolhimento médico. Volta e meia, irritava-me com alguns deles e suas posturas, e me perguntava, naqueles anos de inexperiência, o que poderia ser feito para ajudá-los efetivamente. Foi assim que tive a oportunidade de criar um grupo operativo - que denominamos Grupo Atitude - com esses pacientes. Nós nos reuníamos uma vez por semana, por duas horas, e partilhávamos a escuta e a fala terapêuticas dos diversos dramas da vida. Pouco a pouco, vi todas aquelas pessoas mudarem de postura e desaparecerem do acolhimento frequente, dando novos e curativos rumos para suas vidas. Elas também me ajudaram a curar muita coisa em mim.

Este livro nasceu de um forte desejo de partilhar aquilo que promove o empoderamento real. Ele é fruto de muitos movimentos interiores de cura e de muitas vivências, tanto minhas quanto daqueles que cruzaram o meu caminho na vida pessoal, voluntária ou profissional, ofertando-me suas preciosas lições.

Diferentemente de minhas outras obras, neste livro não citarei todos os artigos, referências e autores que me inspiraram, apenas alguns mais relevantes. Antes, este livro está repleto da minha essência, da minha busca e da minha experiência, com todas as limitações. Nele, falo de coração para coração, na partilha daquilo que acredito e percebo serem atitudes essenciais para uma vida feliz e em paz. Essa partilha não é feita apenas de reflexões e posturas terapêuticas; minha alma e coração seguem inteiros nela que é, em si mesma, um movimento terapêutico essencial que me permite dar um passo além.

Ofereço a você, com amor, o que tenho para dar. Espero que este livro fale ao seu coração de alguma maneira – e que ressoe da forma possível e necessária –, trazendo estímulo para que aproveite, ainda mais, os ventos da vida e atravesse, com alegria, os mares de suas emoções, amores, espiritualidade e vida com força plena e o movimento turbulento das velas içadas ou a calmaria serena das velas recolhidas.

Bom mergulho em si mesmo.

Boa navegação.

Belo Horizonte, fevereiro de 2019

É FATO: NÃO É A POSIÇÃO DO VENTO QUE DECIDE O DESTINO, MAS A POSIÇÃO DAS VELAS. INDEPENDENTEMENTE DAS CIRCUNSTÂNCIAS, HÁ SEMPRE UM PODER INTERIOR CAPAZ DE DETERMINAR O DIRECIONAMENTO DA VIDA, E ELE SE MANIFESTA POR MEIO DAS ATITUDES QUE REQUEREM PRESENÇA, CENTRAMENTO E CONEXÃO COM O QUE NOS MOVE DESDE O MAIS PROFUNDO.

MERGULHO INTERIOR

1

MERGULHA EM TI
E TRAZ À SUPERFÍCIE
TUDO O QUE TENS SUBMERSO,
AFOGADO NO MEDO,
RESGATA A TUA ESSÊNCIA
E DÁ-LHE VIDA

»VIRGÍNIA MARRACHINHO

NÃO RESTAM DÚVIDAS: SÓ AQUELES QUE mergulham fundo encontram tesouros ocultos.

As atitudes que trazem paz não são impulsos de reação à vida; antes, são movimentos que nascem de um profundo mergulho interior, no contato com a essência. O autoconhecimento é o objetivo dessa incursão íntima e a chave para uma vida mais autônoma, integrada, afetiva e em paz.

Mergulhar em si mesmo requer a coragem de olhar para dentro e reconhecer o que ali vive e atua. Dentro de cada um de nós moram vários "nós", que necessitam ser reconhecidos, acolhidos e respeitados.

Nossas vulnerabilidades, fraquezas, forças e grandezas residem na multiplicidade de realidades e recursos que estão em nós, vindas de todos aqueles que vieram antes, em nossos sistemas familiares, ou foram construídas por nós mesmos, no passado ou no presente. Reconhecê-las, respeitá-las e amá-las é o movimento fundamental do compromisso de autoamor que compete a cada um realizar.

O processo de autoconhecimento é extremamente gratificante, mas requer que encaremos nossos desertos e nossos demônios interiores, que desçamos ao inferno de nossas sombras para encontrar a luz de nossa essência.

Em consultas homeopáticas ou em processos terapêuticos, ao perguntarmos ao paciente sobre seu temperamento ou suas vontades, é muito comum que ele tenha muita dificuldade para se descrever e falar de si. Isso acontece porque muitos permanecem identificados com pai, mãe, irmãos, marido ou esposa, fazendo a vontade de terceiros, com temor de afirmar sua identidade pessoal e perder o afeto dos outros. Assim, reproduzem comportamentos, ideias, vontades, e não fazem contato com o que verdadeiramente acham, pensam, sentem ou querem. E, quando fazem isso, negam-se a si mesmos, reprimindo aquilo que é seu de fato, consciente ou inconscientemente.

Essa repressão tem um alto preço, tanto emocional quanto físico, pois o corpo somatiza as negações internas. Quando dizemos "sim" ao outro e "não" a nós mesmos, o corpo reage. É claro que não me refiro aqui aos processos conscientes e saudáveis da renúncia ou do sacrifício pessoais episódicos em prol de algo ou alguém. Falo dos movimentos reiterados de autonegação e submissão à vontade alheia. Quem se submete precisa estar disposto a pagar o preço de não pertencer a si mesmo. Depressões, angústias, fobias, pânico e doenças autoimunes são resultados frequentes dessa negação de si.

A atitude de mergulhar em si é essencial para uma vida saudável e em paz.

Quem se conhece pode respeitar aquilo que é e aprender a viver em harmonia com seu meio, sem ferir a sua essência. Adaptações para a vida a dois ou para relações sociais são comuns e importantes. Quem se conhece aprende a perceber os limites do que é possível ou aceitável, respeitosamente.

Só *age* quem se conhece. Quem ignora a si mesmo somente *reage*.

Pessoas que não se reprimem mas são muito reativas – agressivas ou a quem falta controle, violentas ou se irritam frequentemente –, igualmente desconhecem a si mesmas. A reatividade está diretamente ligada à negação de si mesmo.

Quem muito se impõe se sente vulnerável, sente falta de apropriação de suas conquistas interiores, necessitando que o outro o siga, aceite-o, obedeça-o. Quem se conhece e se conecta com a própria essência passa a ser mais compassivo, compreensivo e tolerante, aceitando a si mesmo e ao outro.

O autoconhecimento é o movimento que permite a autotransformação e a autossuperação. Quem mergulha em si mesmo se compromete com o que vê e se empodera para caminhar na direção do que deseja ou necessita.

O autoconhecimento e a autoaceitação são resultados de atitudes de autoamor que andam sempre de mãos dadas. "Autoamor" não é algo que vem de fora; é decisão interior, compromisso de paz e trabalho em prol de si mesmo para que o melhor venha à tona.

Quem mergulha em si precisa aceitar os preços da desilusão e da desidealização desse processo, pois nele haverá enfrentamento de muitas decepções consigo mesmo na percepção de incoerências, contradições, paradoxos, falsidades e conflitos interiores. Tudo isso vive também em cada um de nós. Assim como nos munimos do equipamento de mergulho que nos garante o oxigênio necessário enquanto estamos debaixo da água, além do treino que nos permite suportar a diferença de pressão quando nos aprofundamos no mergulho, também precisamos estar dotados de atitudes de resiliência, aceitação, paciência, afeto, ternura e firmeza para lidarmos com o que é percebido e seguirmos adiante.

O processo de autoconhecimento demanda tempo, persistência e decisão. Somos sempre jovens na arte de descobrir a nós mesmos e à vida, em qualquer idade, pois a impermanência muda tudo a todo instante, sobretudo no mundo líquido da atualidade.

O poeta alemão Rainer Maria Rilke, escrevendo a um jovem amigo, também poeta, indicou-lhe algo precioso no processo do autoconhecimento:

Se procurar amparo na Natureza, no que é nela tão simples e pequeno que quase não se vê mas que inesperadamente pode tornar-se grande e incomensurável; se alimentar esse amor pelo mais ínfimo e se tentar, humilde como um criado, ganhar a confiança do que parece pobre, tudo será para si mais fácil, mais coeso e de algum modo mais conciliador, talvez não no intelecto, que recua atônito, mas no mais íntimo da sua consciência, do seu conhecimento e atenção.

Você é tão jovem ainda, está diante de todos os inícios, e por isso gostaria de lhe pedir, caro Senhor, que tenha paciência quanto a tudo o que está ainda por resolver no seu coração e que tente amar as próprias perguntas como se fossem salas fechadas ou livros escritos numa língua muito diferente das que conhecemos.

Não procure agora respostas que não lhe podem ser dadas porque ainda não as pode viver. E tudo tem de ser vivido. Viva agora as perguntas. Aos poucos, sem o notar, talvez dê por si um dia, num futuro distante, a viver dentro da resposta.

Talvez traga em si a possibilidade de criar e de dar forma e talvez venha a senti-la como uma forma de vida particularmente pura e bem-aventurada; é esse o rumo que deverá tomar a sua educação; mas aceite o que está por vir com grande confiança, e se ele surgir apenas da sua vontade, de uma qualquer necessidade interior, deixe-o entrar dentro de si e não odeie nada.[1]

Amar as indagações; esta é uma preciosa atitude.

Amar o que ainda não está pronto em nós e é semente, nutrindo o seu desenvolvimento, com paciência e sem críticas por aquilo ainda não estar ativo em nós.

Encantar-se com o que já está florido, espargindo perfumes de esperança, anunciando frutificação.

Acolher o que já está maduro, saboreando a alegria do fruto que resultou de longo processo interior de elaboração e transformação.

Então, enfim, o que é necessário para o processo de autoconhecimento, de mergulho interior? Uma decisão firme, perseverante, comprometida. É ela que permite atravessar o deserto ou passar pela porta estreita, com coragem.

---

1. Rainer Maria Rilke. *Cartas a um jovem poeta*. Carta Quatro, "Worpswede, junto a Bremen", 16 de julho de 1903. p. 23 e 24.

O AUTOCONHECIMENTO É O MOVIMENTO QUE PERMITE A AUTOTRANSFORMAÇÃO E A AUTOSSUPERAÇÃO. QUEM MERGULHA EM SI MESMO SE COMPROMETE COM O QUE VÊ E SE EMPODERA PARA CAMINHAR NA DIREÇÃO DO QUE DESEJA OU NECESSITA.

POSTURAS QUE TRAZEM PAZ

APRENDER É MUDAR POSTURAS.

»PLATÃO

CERTA VEZ, DURANTE UM TREINAMENTO de constelação familiar, ouvi do facilitador, Décio Oliveira, uma frase que ressoou forte em mim: "Estamos sempre muito atentos à postura do outro e pouco atentos à qual postura em nós sustenta ou interage com a postura do outro". Esse conceito não só me tocou como se revela profundamente verdadeiro cada vez que me proponho a perceber onde reside o verdadeiro poder pessoal.

Certamente, em um mundo de trocas e de equilíbrio no dar e no receber, aguardamos sempre algo do outro, cheios de expectativas. No entanto, a fantasia de que é a postura do outro que determina a nossa satisfação ou a nossa insatisfação, a paz ou a desarmonia, é realmente perturbadora. Ninguém tem esse poder, a não ser quando abrimos mão de nossa capacidade de decisão e do direito de autonomia que decorre da autoconsciência e do autodomínio.

Não são as circunstâncias que nos definem; as posturas internas é que determinam a nossa vida, pois são elas que criam o campo magnético que atrai ou repulsa, conecta ou separa as pessoas e as experiências de nossas vidas. A mudança de postura muda igualmente os efeitos ou os resultados. Tudo e todos são profundamente sensíveis às posturas que adotamos dentro de nós, no coração. Estar atento a elas e decidir sobre elas, pois, é um empoderamento pessoal legítimo.

A postura de admiração conecta as pessoas e a de crítica, afasta; a postura de aceitação produz paz e a de rebeldia, ansiedade. A postura de gratidão enche o coração e a de exigência o esvazia... Tudo isso são decisões interiores, e estas são as primeiras e mais importantes atitudes que devemos tomar: prestar atenção profunda à própria postura e desenvolver a capacidade de modificá-la e ajustá-la ao longo do caminho, na conexão com o propósito pessoal, para que ela traga paz.

Não podemos mudar o outro, mas podemos modificar a nossa postura interna na interação com ele para que o melhor aconteça. Quando mudamos, a relação muda sem que, na maioria das vezes, o outro perceba o que mudou nele. A relação não muda porque transformamos o que está fora, e, sim, porque mudamos a maneira de sentir e perceber, bem como de interagir com o outro, a partir das posturas internas.

Lembro-me da primeira consulta médica de certa senhora. Ela me contou uma história de vida verdadeiramente sofrida, cheia de lutas, encontros e desencontros, e me recordo de ter sentido pena dela. Enquanto ela falava, eu olhava para ela silenciosamente e pensava: "Que história de vida difícil, tadinha dela". Com essa postura interna, eu pretendia auxiliá-la. No entanto, percebi que, quanto mais ela falava, mais força eu perdia, sentindo-me esvair; e ela também. Um cansaço físico me tomava, uma agitação interna, uma indisposição. Queria verdadeiramente auxiliá-la e estava ali, entregue a isso, mas daquela maneira não funcionaria. Percebi, então, que eu mantinha uma postura desrespeitosa em relação a ela.

Ela havia passado por tantas dificuldades na vida e ali estava, diante de mim, em idade mais avançada, ainda buscando algo para curar-se, crescer e sentir-se melhor. Vi que ela era digna do meu respeito e da minha admiração por sua força, e não merecia que eu sentisse dó, um sentimento que a humilhava, ressaltando o seu vazio.

Então, modifiquei a minha postura íntima para o respeito e passei a olhá-la com nova disposição interior. Minha força foi voltando, assim como o meu ânimo, e ela passou a falar com mais vigor e alegria. Falou praticamente sozinha a consulta inteira. Naquele dia em especial, não me senti no direito nem na necessidade de intervir, nem mesmo com perguntas para além daquelas essenciais ao diagnóstico homeopático. Prescrevi o que julguei adequado, dei as orientações de praxe e, no momento da despedida, ela me perguntou: "Doutor, o que há de especial neste consultório? Estou saindo revigorada, cheia de força e alegria, mudei meu astral". Sem a intenção de negar o poder terapêutico da escuta silenciosa e da catarse emocional que ela havia realizado, senti intimamente o ressoar daquela observação e respondi: "É que hoje eu a escutei admirando a sua força". Ela então sorriu, com os olhos e com os lábios, e me abraçou, saindo em seguida, de cabeça erguida. Essa experiência me ensinou muito a respeito do quanto as nossas posturas mudam as relações e nos impactam, assim como ao outro, de forma decisiva. Essa senhora foi uma grande professora.

Quando me refiro a posturas, quero sinalizar a disposição interna, afetiva, íntima e solitária que estabelecemos dentro do coração perante algo ou alguém. Postura de respeito, por exemplo, é a dignificação do outro dentro de mim, como ele é, na aceitação do que pode ser, sem a projeção excessiva de expectativas ou da minha sombra pessoal, como no caso citado anteriormente. Quando dou um lugar de amor ao outro dentro do meu coração, eu o respeito. Isso só é possível quando mergulho em mim mesmo para me conhecer e para me aceitar e respeitar como estou em busca do que sou.

Essa atenção consigo mesmo, fruto do autoconhecimento e do exercício de se perceber ao longo do tempo, sinaliza, no corpo, o efeito das posturas íntimas. Aquelas que trazem paz acalmam o coração. Aprendi, após algum tempo de autopercepção, que as minhas posturas que vêm da alma e do espaço sagrado do ser essencial, o *self* divino, enchem o peito, de uma forma serena, com força e calma interior. Quando reflito e sentindo sobre algo e exercitando a percepção dos seus efeitos em mim, posso saber, por essa sinalização interior, de que lugar de mim vem aquele desejo, vontade ou interpretação. Isso me permite tomar decisões baseado no coração. Até hoje, na minha experiência pessoal, não me arrependi de nenhuma postura que tenha assumido ou decisão que tenha tomado baseadas nesse efeito em mim.

Cada um tem a sua sinalização interior e pode percebê-la no corpo por meio de uma atenção cuidadosa; pode até mesmo exercitá-la. Basta pensar em diferentes interpretações ou posturas interiores e perceber o efeito que elas têm em seu corpo, em suas emoções, em seu afeto ou psiquismo. A postura exercitada relaxa ou contrai os músculos? Acalma ou agita? Traz serenidade ou angústia? Requer urgência ou calma? Esquenta ou esfria os membros? Essa observação ajuda na tomada de decisões e no movimento de ampliação de consciência.

Às vezes, a postura que traz paz é exatamente oposta ao que desejamos ou interpretamos. Devemos respeitar isso. A obstinação em seguir o que queremos quando o corpo nos sinaliza outra direção ou outro posicionamento nos afasta das posturas que abrem o campo da vida para um movimento em direção ao "mais". A postura de rebeldia que insiste, movida pela angústia ou pela ansiedade, é um movimento perigoso de consequências profundas, pois nos afasta do poder real e da conexão com aquilo de que verdadeiramente precisamos. E isso tem um alto preço emocional, espiritual e mesmo físico.

Recordo-me de uma situação em minha vida na qual precisava tomar uma decisão quanto a um relacionamento. A cada uma das possibilidades que eu aventava, meu corpo reagia de forma diferente. Enquanto eu pensava nas diversas opções, meu corpo se modificava. Naquela época, eu era ainda muito novo e imaturo para perceber que deveria respeitar essa sinalização e obedecê-la, como uma guiança do meu interior diante do que eu verdadeiramente precisava. O desejo de controle e a angústia por me sentir igual não me deixavam perceber o que eu verdadeiramente era. Uma ocorrência natural diante da inexperiência e da pouca individualidade comuns na adolescência. Escolhi uma postura e uma decisão que apertaram o meu peito, que me provocaram desconforto e fizeram o coração bater acelerado, mas que, naquele momento, pareceram ser as corretas, racionalmente, considerando o que eu queria. E era mesmo o que eu queria, mas não o que eu precisava. Ao longo da minha vida, tive que tomar outras decisões que provocaram esses mesmos sentimentos, e acabei pagando um altíssimo preço por elas.

Hoje sei que o corpo, como tela da alma, expressa em imagens, sinais e sintomas a mensagem mais profunda que a essência sinaliza, e que é preciso ouvi-lo. Naturalmente, ele não é o único sinalizador das posturas que trazem paz, mas é um guia útil e muito fiel. Aprender a percebê-lo é sábio.

Atentar às posturas interiores é um caminho solitário. O outro pode auxiliá-lo, mas não pode substituí-lo. Amigos, família, terapeutas, representantes religiosos ou guias espirituais podem ajudá-lo e conduzi-lo por um caminho de percepção, mas não podem – nem devem – decidir por você. Essa é também uma experiência de porta estreita ou deserto, na qual os viajores solitários descobrem a si mesmos. No entanto, no calor e na pressão interna há uma sublime alegria: a de perceber a liberdade de ser ou decidir vir a ser o que verdadeiramente se é, com individualidade e conexão afetiva com os outros, igualmente indivíduos.

As posturas que trazem paz nos conectam ao outro e abrem portas e janelas dentro das trocas do dar e do receber.

Certa vez, ouvi da filha de uma paciente um testemunho claro disso. Sua mãe, nonagenária, vivia os dramas naturais da idade agravados por um quadro psíquico que tornava tudo mais desafiador. Muito independente, ela vivia a angústia de ver-se necessitada do cuidado das filhas, com as quais havia tido alguns conflitos ao longo da vida. Estas, por sua vez, viam-se diante da necessidade de cuidar da mãe e enfrentar os monstros internos das posturas e interpretações que cultivaram ao longo da vida na relação com ela. A situação, então, era de conflito permanente, embora as filhas se revezassem no cuidado da senhora.

Desde as primeiras consultas, percebi que, embora aquela senhora enfrentasse desafios, as soluções estavam na mudança de postura das filhas, e por isso abordei a questão nesse sentido. Elas foram, inicialmente, refratárias. As queixas internas estavam ainda muito vivas. No entanto, ao longo do tempo, uma delas se moveu intimamente e começou a exercer uma mudança significativa em relação à mãe. Ela me disse: "Mudei a postura no meu coração. Desisti de criticar e decidi olhá-la com carinho, ser afetuosa com ela. E, então, ela mudou também. Tudo está fluindo maravilhosamente", ela concluiu, sorrindo. A mãe, que ouvira tudo, sorriu de volta com afeto, e completou: "Ela é uma filha muito carinhosa". Nem pareciam as mesmas pessoas que eu havia conhecido meses antes, que discutiam intensa e longamente na minha frente por questões de menor importância.

A mudança de postura da filha, no coração, e, consequentemente, nos atos, mudou a relação. A mãe reagiu àquela mudança, deixando igualmente aflorar o seu melhor, inclusive aceitando com facilidade, naquele momento, que as filhas cuidassem das questões financeiras dela – algo que a estressava enormemente, por puro apego. Mas, durante meses, ela esteve irredutível. Foi somente com a mudança de postura real da filha que aquela resistência desapareceu, sem que ela soubesse o que havia acontecido. De repente, ela se sentia bem, em posse de seu poder de decisão, visto que estava completamente lúcida, mas transferiu à filha o direito de cuidar das decisões burocráticas por ela, desobrigando-se de um estresse que já não precisava mais viver.

A mudança de postura em nós muda também a postura do outro.

A conexão com a família, com respeito à ordem e ao lugar de cada um; a aceitação da realidade como ela é; a gratidão que reconhece o que é "cheio", o que é e o que foi possível; as contemplações interna e externa; a coragem e o perdão; e o respeito e a admiração, dentre tantas outras atitudes, são posturas que trazem paz. Olharemos para cada uma delas mais profundamente nos capítulos seguintes.

A POSTURA DE ADMIRAÇÃO CONECTA AS PESSOAS E A DE CRÍTICA, AFASTA; A POSTURA DE ACEITAÇÃO PRODUZ PAZ E A DE REBELDIA, ANSIEDADE. A POSTURA DE GRATIDÃO ENCHE O CORAÇÃO E A DE EXIGÊNCIA O ESVAZIA... PRESTE ATENÇÃO PROFUNDA À PRÓPRIA POSTURA E DESENVOLVA A CAPACIDADE DE MODIFICÁ-LA E AJUSTÁ-LA AO LONGO DO CAMINHO, NA CONEXÃO COM O PROPÓSITO PESSOAL, PARA QUE ELA TRAGA PAZ.

ATITUDE DE GRATIDÃO

3

QUEM ACOLHE UM BENEFÍCIO
COM GRATIDÃO PAGA A PRIMEIRA
PRESTAÇÃO DA SUA DÍVIDA.

»SÊNECA

A GRATIDÃO É UMA VIRTUDE NOBRE E ESsencial a uma vida plena. Quando expressa por atitudes, gera vínculos profundos e construtivos.

Aprender a expressar gratidão é fundamental para ter uma vida leve, pois é ela que enche o coração e move, de dentro, os melhores recursos de paz.

Só expressa gratidão aquele que é seguro de si mesmo e consegue enxergar o bem realizado ou intencionado, pois elogiar, agradecer ou ressaltar o que de bom o outro faz requer habilidades de expressão emocional e comunicação eficientes e transparentes. Por isso, embora muitas pessoas se sintam gratas, não são todas as que conseguem manifestar essa emoção, sobretudo aquelas que se inibem emocionalmente, reprimindo a expressão de seus sentimentos e ideias. Ser grato requer maturidade.

Tomás de Aquino, filósofo e doutor da Igreja Católica, escreveu *Tratado da gratidão*, obra na qual ele propõe três níveis no que diz respeito à manifestação dessa virtude.

1. **Nível superficial**: é o racional, aquele que presta ao outro apenas um reconhecimento por sua atitude.

2. **Nível intermediário**: é o de agradecimento, que dá graças, que louva aquele que lhe prestou algum benefício.

3. **Nível profundo**: é aquele que se compromete com a pessoa que lhe fez o favor, ou lhe teve a boa atitude. Ele apresenta um nível de vinculação entre as pessoas.

Com base nesses três níveis, o professor da Universidade de São Paulo (USP) Jean Lauand, durante uma conferência na Universidade Autônoma de Barcelona, na Espanha, concluiu que alguns idiomas, como o inglês e o alemão, agradecem no primeiro nível da gratidão. *Thank you* e *zu danken* remetem ao reconhecimento no plano intelectual. Já a maioria dos idiomas falados na Europa agradece no segundo nível, como *merci*, em francês, *grazie*, em italiano, e *gracias*, em espanhol, que expressam alguém que dá graças ou oferece uma mercê, um agradecimento, a outro. No entanto, apenas o português possibilita agradecer no nível mais profundo da gratidão com apenas uma palavra. O *obrigado* traz o sentido da obrigação: "Eu me obrigo com você por ter feito isso por mim..." Essa natureza de gratidão gera o comprometimento mútuo por meio de vínculos.

Boa parte das pessoas mantém sua gratidão no primeiro nível, como um leve reconhecimento social ou intelectual movido por educação ou necessidade. Esse nível não gera vínculos profundos e, muitas vezes, esconde uma certa inveja. "Eu te agradeço por polidez e te invejo ao mesmo tempo. Gostaria de ter a sua virtude ou habilidade". Não é uma gratidão má, é apenas superficial. Não tem raízes.

Já quem agradece no nível das graças, louva o que é recebido e tem um nível de respeito mais profundo pelo que é disponibilizado e ofertado, comprometendo-se, portanto, com um reconhecimento quase religioso: "Eu te dou graças" ou "Sou um agraciado".

Porém, o terceiro nível é aquele ao qual eu gostaria de me dedicar aqui, pois é ele que, quando alcançado e expresso em atitudes, gera um profundo impacto na vida e nas relações.

Aquele que se sente vinculado por uma obrigação de gratidão se percebe devedor e movido a fazer algo com o que é recebido a partir do ato do benefício. Esse vínculo gera um movimento de retorno, ou de passar adiante, que é extremamente benéfico.

Na convivência entre pais e filhos, vemos isso com facilidade, pois a gratidão é o único movimento necessário nessa relação; além disso, ela produz enorme impacto na vida objetiva e diária.

Os filhos que são gratos apenas no primeiro nível dizem apenas um "obrigado" da boca para fora, sem um compromisso interno. Isso não gera uma reação positiva na vida. Esse é o nível de gratidão das crianças interiores que trazemos em nós, cheias de queixas e sempre com uma lista de necessidades não satisfeitas às quais os pais devem atender. E, quando são atendidas, essas crianças agradecem como quem recebe merecidamente, como se fosse uma obrigação óbvia dos pais atender-lhes as demandas. É uma gratidão orgulhosa, porque não vê o sacrifício dos pais; vê apenas a alegria de sua "necessidade" atendida. Isso é facilmente perceptível quando os pais negam algo que é demandado. Então, a raiva, a mágoa ou a crítica explodem sem reconhecimento do que lhes é possível ou sem consciência de seus limites.

Já aqueles que são gratos no segundo nível e dão graças aos pais pelo que é ofertado, costumam olhá-los como expressão daquilo que é santo, digno de louvor. Esse movimento gera um vínculo, pois é muito mais profundo. No entanto, frequentemente aqueles que permanecem nesse nível querem devolver aos pais o que foi dado, além de compensá-los por sua dedicação. Quando guiada pelo respeito à ordem, essa vontade gera atitudes justas e de profundo impacto positivo, tanto na vida dos filhos quanto na vida dos pais, pois estes são dignos de todo carinho e afeto daqueles pelos quais se sacrificaram. Porém, pode acontecer também de os filhos tentarem compensar os pais cuidando deles sem respeito à ordem, ou seja, tomando o lugar de grandes, que é deles, ou se sacrificando por eles. Essa atitude de gratidão é desrespeitosa porque diminui a grandeza dos pais e coloca em risco o que eles fizeram pelos filhos. Aqueles que querem cuidar dos pais como se eles fossem pequenos viram as costas para a própria vida e não a deixam fluir. Esse movimento entristece os pais porque inviabiliza o que eles sonharam para os filhos: que eles sigam suas vidas e sejam felizes.

Já os filhos que vivem a gratidão no terceiro nível experimentam um movimento de abundância e de fluxo de vida, uma vez que essa gratidão é aquela do reconhecimento profundo daquilo que foi ofertado e do dever que o benefício traz consigo. Aquele que é grato aos pais pelo que foi dado faz valer o esforço e o sacrifício destes para ofertar-lhe o que foi possível. Por isso, dedica-se a aproveitar ao máximo o que lhe foi disponibilizado para ir mais longe do que aqueles que vieram antes, e com mais leveza, e sempre retorna à fonte, como pequeno, para partilhar a alegria de ser a continuidade dos pais e manifestar-lhes seu afeto e reconhecimento, muito mais em atos que em palavras.

Passar do segundo para o terceiro nível de gratidão é essencial para a vida fluir para o "mais", construtivamente. Sacrificar-se não é uma atitude de gratidão; é desperdício de recurso, e termina por ser uma ingratidão, porque inutiliza o sacrifício dos que vieram antes.

Costumo usar uma imagem simples, porém efetiva, para falar disso. Imagine que alguém ganhe um quadro de Vincent Van Gogh, do qual é profundo admirador. Essa pessoa sabe que ganhou um tesouro, e que ele vale milhões de euros, e que é uma raridade porque é único. Então, o que essa pessoa faz? Coloca a obra em um local protegido, nas melhores condições de temperatura, luminosidade e visibilidade para que ela possa ser admirada por todos com segurança.

Agora, e se essa pessoa escondesse o quadro, seria justo? Ela teria um tesouro inútil, que não poderia ser admirado, que teria apenas um valor simbólico. E se ela o pendurasse em um local desprotegido, em que qualquer um pudesse roubá-lo, isso seria adequado? Certamente, não, pois refletiria um desvalor e um descuido com algo precioso que lhe foi dado. E se, porventura, ela pegasse uma faca e rasgasse o quadro, ou o pintasse com uma tinta qualquer por cima da pintura histórica e única, isso seria benéfico? Seguramente, não, pois ela estaria destruindo algo singular e especialíssimo, causando a total perda de valor da obra-prima.

Esse mesmo conceito pode ser aplicado aos sistemas familiares. Os filhos são obras-primas dos pais. São únicos e especialíssimos para eles, pois são uma continuidade singular do seu amor. Neles, o amor do casal está eternizado de forma absolutamente original e perfeita.

Quando o filho sente gratidão no nível mais profundo, suas atitudes demonstram absoluto respeito por aquilo que receberam dos pais. Cuidam de si mesmos com o carinho de quem cuida de algo muito precioso e que deve ser colocado em máxima segurança e tratado com enorme afeto, pois é de máximo valor. Essa gratidão move o filho adiante, pois ele se reconhece comprometido em fazer valer o sacrifício dos pais, cumprindo o que sonharam para ele: ser feliz. Ele agradece com o carinho filial do reconhecimento legítimo, porém, sabe que a melhor forma de expressar sua gratidão é fazer bom e justo uso do que foi dado e passar adiante, por sua vez, aos seus filhos e/ou à sociedade em atos de amor, na continuidade grata da corrente da vida.

Essa gratidão "cheia" promove força e alegria de viver e se sustenta no reconhecimento profundo que valoriza mais o que foi dado do que o que faltou, enxergando as pessoas e as circunstâncias com respeito, em reverente aceitação da vida. A gratidão profunda, pois, nutre-se de aceitação, e, juntas, elas compõem a honra, que é o sagrado movimento de abundância da existência.

Gratidão é muito mais do que dizer obrigado. É o bom uso e aproveitamento do que é recebido, com honra, respeito e valor profundos.

A GRATIDÃO É UMA VIRTUDE NOBRE E ESSENCIAL A UMA VIDA PLENA. QUANDO EXPRESSA POR ATITUDES, GERA VÍNCULOS PROFUNDOS E CONSTRUTIVOS.

APRENDER A EXPRESSAR GRATIDÃO É FUNDAMENTAL PARA TER UMA VIDA LEVE, POIS É ELA QUE ENCHE O CORAÇÃO E MOVE, DE DENTRO, OS MELHORES RECURSOS DE PAZ.

ATITUDE DE ACEITAÇÃO

A FELICIDADE É A ACEITAÇÃO CORAJOSA DA VIDA.

»ERICH FROMM

A ACEITAÇÃO É UMA VIRTUDE PODEROSA

que se expressa por meio da atitude de colocar-se em paz e em sintonia com o real como ele pôde ser, como ele é e como ele poderá vir a ser. É um "sim" à vida e às pessoas como elas se apresentam.

Aceitar não é aprovar. Nem a vida nem as pessoas estão em um tribunal para serem julgadas. Aceitar é desistir de julgar e tomar a força do que é, como é. Quando aceitamos a vida como ela se mostra e as circunstâncias como elas puderam ser, ganhamos vigor para agir no presente de forma transformadora.

A atitude de aceitação requer uma decisão de encontrar o lírio no pântano. Requer um olhar para aquilo que está "cheio" na experiência a fim de permitir a chegada daquilo que nos nutre e que nos impulsiona para além.

Toda realidade traz também em si a dualidade humana: luz-sombra, beleza-feiura, erros-acertos. Não há experiência que seja somente sombra ou somente luz. No nível humano, a dualidade realização-imperfeição está sempre presente. A aceitação dessa condição nos empodera para enfrentarmos e lidarmos com o que não é sadio na experiência. Isso significa transformar o esgoto em adubo e permitir, por meio de reinterpretações, que aquilo que não foi positivo seja agora visto por outro ângulo e que seja utilizado construtivamente para o crescimento.

Aceitação não é resignação nem inatividade. É uma atitude de paz com aquilo que é enquanto se trabalha para ser ou ter o que se deseja.

Por exemplo, em uma relação a dois, a aceitação do outro com seus limites não impede nenhum esforço ou movimento de crescimento ou renovação. Muito pelo contrário, pode motivar e sustentar, pois "aceitar" significa não estabelecer litígio ou crítica destrutiva a algo ou alguém e acolher os limites do outro, ajudando-o a superar-se.

Igualmente, a atitude de aceitação de si mesmo requer acolhimento dos próprios limites e da sombra pessoal e a decisão pela paz na relação consigo mesmo, para possibilitar o esforço construtivo da autotransformação.

O que impede a aceitação? A prisão das nossas expectativas. Quanto mais expectativas, mais exigências e mais julgamento.

A não aceitação não produz movimento, só cronifica as necessidades e cria novos e desnecessários pontos de conflito e dor. A realidade não se dobra diante de nossa rebeldia, antes, aguarda calmamente que aprendamos a respeitá-la.

Lembro-me de ter ouvido uma frase impactante do amigo psiquiatra Roberto Lúcio Vieira de Souza – que para mim é referência. Ao abordar a questão da depressão, ele dizia que, por trás dessa patologia mental, há uma frase inconsciente que diz: "Já que não tenho a vida que quero, não aceito a vida que tenho".

A não aceitação produz uma briga com a realidade semelhante à disputa entre uma formiga e um elefante. Não há comparação. A realidade se impõe, sempre. E quando isso acontece, o estado de rebeldia volta suas forças contra a própria pessoa, matando a alegria ou a satisfação de viver, como se dissesse: "Em vez de transformar a realidade, eu me autodestruo e me recuso a usufruir dela". Naturalmente, a medicação para esse tipo de pensamento seria: "A realidade é como é e eu me coloco em paz e digo "sim" para o que pode ser. Agora, vou trabalhar para conquistar ou construir o que desejo". A resignação ativa é o movimento que traz paz.

Assim como a não aceitação de alguém produz em nós um sentimento de desvalor e abandono, o mesmo movimento com relação à vida produz um efeito semelhante. A vida reage na sintonia com o nosso vazio interior.

Não acatar a realidade e lutar contra ela é esvaziar-se de recursos e possibilidades. Tomemos como exemplo o luto, experiência emocional que decorre do sentimento de falta e da necessidade de adaptação diante de uma circunstância qualquer que é tomada como perda, como a morte de alguém, ou a mudança de cargo ou de emprego, de relacionamento afetivo, entre outras situações.

Diante de qualquer perda, vivenciamos os estágios do luto que a psiquiatra suíça Elisabeth Kübler-Ross descreveu: negação, raiva, barganha, tristeza (que ela denominou depressão) e, por fim, aceitação.

Na negação, vivemos a irracionalidade diante do que está evidente. As fantasias tomam conta de nós a serviço da necessidade interna de não lidar com o que se mostra como real, pois aquilo leva a uma perda de idealização, de sonhos ou à necessidade de lidar com sentimentos guardados e emoções indesejáveis. Ninguém gosta de perder e, diante da perda de uma pessoa amada ou de um relacionamento, sobretudo quando é inesperada, vivenciamos a dor que é enfrentar uma experiência emocional que é sentida como imposta, pois não foi desejada. É natural, portanto, que haja uma resistência interna em perceber a necessidade real de enfrentar esse fato e uma preferência por outras opções, reais ou fantasiosas, que evitem a dor. Essa etapa pode ser longa e dar lugar a muitos comportamentos defensivos ou patológicos, pois, na negação, o inconsciente manifesta no corpo ou no psiquismo – como no caso do pânico ou da depressão – o que é reprimido interiormente.

Mas o tempo é inexorável, e a avalanche de acontecimentos logo cuida de fazer com que a pessoa enfrente a realidade. A raiva, então, se apresenta como a reação emocional evidente da frustração das expectativas ou do interesse não atendido. Ela pode ser vivida com equilíbrio, quando reconhecemos o que ela sinaliza e qual é a necessidade interna que ela representa. O que precisa ser feito? Algo precisa ser dito para expressar o que se sente? Como isso pode ser feito de maneira construtiva? Essas são algumas das perguntas internas que precisam ser feitas diante da percepção de que a raiva é só a ponta do *iceberg* de sentimentos que a sustentam e são a estrutura da experiência emocional. Quando a raiva é reprimida, ela se converte em mágoa e é nutrida e multiplicada. Quando exacerbada, converte-se em agressividade, que é violenta e destrói. Somente quando comunica o sentimento que a sustenta e o que o coração necessita é que ela pode gerar um movimento útil em nós.

Diante da raiva e do desespero por algo que está para acontecer, a barganha se apresenta como uma opção aparentemente satisfatória. Nessa fase, tentamos ofertar algo que impeça os acontecimentos que trazem dor. É o tempo das promessas, das ofertas de presentes e benefícios, da dedicação à caridade como moeda de troca, da aceitação de condições que seriam consideradas inadequadas ou insuportáveis em outro contexto. A barganha é uma tentativa emocional de evitar a constatação da inevitabilidade da dor da perda e da necessidade de adaptação. Ela é ineficaz, pois não só não evita a circunstância dolorosa como adia a aceitação pacífica que promove crescimento.

A tristeza, então, apresenta-se como a emoção decorrente da percepção da ausência de controle sobre a vida e sobre o outro. Não adianta negar, irritar-se, barganhar. O inevitável aconteceu, ou mesmo aquilo que era evitável se realizou. Não há como negar a frustração e a dor geradas por um ser amado que aparentemente se foi ou por um relacionamento que acabou. A tristeza é natural e necessária porque ela produz movimentos de adaptação e resiliência. Quando lidamos com ela com naturalidade, ela não se cronifica e não se converte em depressão. No entanto, quando a revolta ou a rebeldia a sustentam, então ela se prolonga, sem dar lugar ao estado de paz que concorda com a realidade e a acolhe: a aceitação.

O tempo de luto varia de pessoa para pessoa, e há quem diga que pode durar até dois anos em um processo saudável de adaptação. Isso decorre do temperamento de cada um, da rede social e de suporte, do acesso a serviços de ajuda e, sobretudo, de decisões e posturas internas. Quando se prolonga por mais tempo do que é saudável, a tristeza se converte em uma pulsão de morte, em um movimento em direção ao "menos" que impede o fluxo da vida.

Bert Hellinger comenta:

Existe um luto que é arrogante. O luto longo, por exemplo, é arrogante. É um querer segurar. O luto total, por outro lado, dói muito, mas libera e possibilita coisas novas. Esse luto é humilde. Certa vez, uma escritora escreveu com relação à morte de sua filha: meu luto nunca chegará ao fim. Isso é arrogante.[2]

Antigamente se dizia que deveríamos guardar um longo luto em homenagem ao ser amado, o que vinha acompanhado da ideia de que era preciso vestir preto, não demonstrar alegria nem participar de festejos, para atestar a tristeza que aquela falta da pessoa amada nos trazia. Isso era compreendido como respeito e valorização. No entanto, esse luto tem um efeito profundamente triste naqueles que permanecem nele, pois acabam condenados a viver o amor por meio da tristeza e da falta, e não da presença. Para compreender isso, basta imaginar alguém que você ama dizendo que, se você morrer, não terá mais alegria.

Experimente essa situação como um exercício. Imagine a pessoa olhando nos seus olhos e dizendo isso, e sinta o efeito que tal afirmação exerce sobre você. Veja se seu coração se alegra ou se entristece; se você se enche de força ou se a perde; se fica mais inteiro ou mais fragmentado. A maioria das pessoas recebe essa afirmação como uma grande ofensa pessoal e um peso, que é projetado por aquele que faz a afirmação.

O amor que respeita mantém vivo o que é amado.

A aceitação da vida requer grande humildade.

---

2. Bert Hellinger. *A fonte não precisa perguntar pelo caminho.* Atman.

Aceitar uma perda implica viver a dor e ressignificá-la, guardando no coração a pessoa, a relação ou a experiência e o que ela proporcionou de bom. Devemos nos conectar ao que se tornou "cheio" na convivência e não ao vazio que restou da ausência.

O luto pode ter uma boa resolução, no tempo saudável de cada um, quando deixamos que fique vivo no coração o que amamos, respeitando a realidade. Então, o que é amado deixa de ser uma ausência morta para se converter em uma presença viva, cheia de força e permanência em nós. E com esse amor seguimos – vivos –, fazendo algo de bom por nós mesmos e pela vida em homenagem a quem se foi. Isso é uma aceitação respeitosa do real como ele é.

As circunstâncias da vida não nos definem. Nossas reações a elas é que determinam o efeito que elas exercem sobre nós.

Assim como ocorre com o luto, a atitude de aceitação de qualquer realidade promove paz, ainda que seja necessário lutar para transformar essa realidade por meio de uma indignação ativa e respeitosa. Não há mudança por meio de revolta ou rebeldia. As transformações duradouras, que promovem crescimento, nascem do respeito e da inclusão, sempre.

ACEITAR NÃO É APROVAR. NEM A VIDA NEM AS PESSOAS ESTÃO EM UM TRIBUNAL PARA SEREM JULGADAS. ACEITAR É DESISTIR DE JULGAR E TOMAR A FORÇA DO QUE É, COMO É. QUANDO ACEITAMOS A VIDA COMO ELA SE MOSTRA E AS CIRCUNSTÂNCIAS COMO ELAS PUDERAM SER, GANHAMOS VIGOR PARA AGIR NO PRESENTE DE FORMA TRANSFORMADORA.

ATITUDE DE PRESENÇA

A MARCA DA SABEDORIA
É LER CORRETAMENTE
O PRESENTE E MARCHAR
DE ACORDO COM A OCASIÃO.

» HOMERO

OS TEMPOS MODERNOS E O DESENVOLVI- mento das comunicações mudaram o modo como nos relacionamos conosco e com os outros. Os dias que vivemos – tão agitados e rápidos, e que exigem uma comunicação tão imediata – vêm provocando aumento nos níveis de ansiedade, além de dificuldade de foco e outros transtornos. Surgem as novas patologias da vida moderna, como a dependência de celulares, *tablets* ou *smartphones*, de uso pessoal ou para a "educação" dos filhos, aumentando o vício no vazio das redes sociais e suas interações superficiais, tantas vezes fantasiosas.

É muito comum que em reuniões familiares, encontros de amigos ou atividades profissionais fiquemos todos focados nos celulares, como se houvesse algo imperdível ou urgente ali que justificasse a desconexão com o momento presente e com a interação social. Algumas pessoas chegam até mesmo ao ponto de se comunicarem umas com as outras por WhatsApp mesmo estando no mesmo ambiente, para falar o que necessitam e que não é confidencial, evitando, assim, o diálogo direto.

Muitos sofrem de insônia e estados de agitação contínuos devido ao efeito ansiogênico que celulares e *tablets* exercem, bem como adquirem o vício de comparar a própria vida às fantasias da vida alheia, que são postadas nos *stories* e no *feed* do Instagram ou do Facebook.

Em viagens, *shows* e outros acontecimentos do dia a dia, vemos pessoas mais interessadas em fotografar, filmar, transmitir ao vivo ou ostentar, postando nas redes sociais o que deveria estar sendo vivido com presença, entrega e inteireza naquele instante. Com isso, o momento, a experiência e seus efeitos são perdidos.

Estamos, assim, criando gerações de pessoas menos aptas ao convívio, à adaptação social, à interação. Esses jovens se dão muito bem com a tecnologia, mas são pouco treinados nas habilidades afetivas para as trocas da vida diária.

O uso das tecnologias e a velocidade das comunicações são avanços inegáveis que ampliam as possibilidades, mas que requerem reflexão e crítica contínuas.

Não falo de teoria, falo do que vivo. Reconheço-me também adicto dessas ferramentas de interação digital, que uso para interesses pessoais e profissionais, e observo em mim, nas pessoas com as quais convivo e nos meus clientes os efeitos disso. Por isso, afirmo que a atitude de presença se faz tão urgente para a saúde das relações.

Estar presente é estar inteiro, entregue, disponível para o que se vive. Mas podemos estar aqui e não estar ao mesmo tempo, vivendo outro tempo, outras localidade e realidade, pois estamos onde estão o nosso coração e a nossa atenção.

Mas é no aqui e no agora que a vida acontece.

Certa vez, fui a um retiro espiritual guiado por um iogue australiano, e tema do retiro era medicina ayurvédica. Uma das coisas que me marcou em sua fala foi: "Seja o que você vive. Se está comendo, seja a comida. Se está estudando, seja o estudo. Se está namorando, seja o relacionamento. Viva o momento que passa, pois ele não retornará".

A atitude de presença requer centramento e conexão com o que acontece no agora. Nos meus *workshops* vivenciais de constelação familiar, recebo muitas pessoas desejosas de conhecer, entender ou se aprofundar nas leis sistêmicas e em sua aplicabilidade e efeitos. Muitas delas comparecem para trabalhar um tema pessoal ou apenas para assistir. Muitas trazem um bloco de notas ou uma caderneta e uma caneta, e se colocam a anotar o que está sendo dito ou percebido. Sem dúvida, as anotações podem ser grandes auxiliares, e algumas pessoas necessitam desse artifício para conseguirem focar o que está sendo vivido. No entanto, para uma grande maioria, anotar significa valorizar mais o conteúdo intelectual do que o afetivo, presente no instante vivido. Enquanto as anotações são feitas, as pessoas, muitas vezes, defendem-se do sentir e do impacto que aquela situação provoca. Já aqueles que se entregam por inteiro e permanecem na atitude da presença se permitem perceber algo e deixar fluir as percepções internas que geram movimentos de ampliação de consciência e cura interior. E isso é muito maior do que as anotações e o que elas podem proporcionar posteriormente.

A integração entre a racionalidade e o afeto são fundamentais para uma vida equilibrada, mas é inegável que as soluções vêm de dentro e a paz se encontra no centro, que só contatamos no estado e na atitude de presença.

A oração, a meditação e os exercícios de centramento são ferramentas úteis para alcançar a presença, uma vez que demandam disciplina e treino para gerar efeitos mais profundos.

A oração, para mim, é um mecanismo potente de centramento e de conexão com o alto, da qual lanço mão várias vezes ao dia como alimento interior. Particularmente, gosto e me utilizo muito da oração como Jesus a ensinou:

> Mas tu, quando orares, entra no teu aposento e, fechando a tua porta, ora a teu Pai que está em secreto; e teu Pai, que vê em secreto, te recompensará publicamente. (*Mateus*, 6:6)

Esse "entrar para dentro e fechar a porta" é o estado de centramento, de conexão com o silêncio interior do *self*, do *eu superior*, do *eu sou* de várias correntes psicológicas ou do *eu divino* das religiões. É aí, no espaço interior sagrado e silencioso, que a intimidade com o divino se manifesta. É aí que o coração se nutre da presença na essência que nos abastece de força e que, por sua vez, enche-se do vigor que vem da conexão com os altos planos da vida. A recompensa pública a que o texto se refere pode ser compreendida não só como a resposta do Pai às nossas preces, na vida objetiva, mas igualmente como os efeitos nas relações do estado de presença. É na vida pública que os efeitos do centramento se manifestam, por meio de maior conexão afetiva com o outro e com todas as suas ricas possibilidades.

Há algum tempo inscrevi-me em um treinamento de meditação *mindfulness* com duração de oito semanas, a fim de experimentar mais ferramentas que me ajudassem a exercitar a atitude de presença. *Mindfulness* é um estado mental de controle sobre a capacidade de se concentrar nas experiências, atividades e sensações do presente.

Traduzido em português como "atenção plena" ou "consciência plena", o *mindfulness* se popularizou nas grandes empresas entre os funcionários que buscam alívio para o estresse do dia a dia, além de formas de melhorar suas capacidades mentais e, consequentemente, a produtividade no trabalho.

Para atingir esse estado, utilizam-se principalmente técnicas de meditação *mindfulness*, em que o indivíduo deve se concentrar, durante um período, em determinada coisa, como um objeto, ou nas próprias reações de seu corpo: respiração ou batimentos cardíacos, por exemplo.

Nesse exercício de meditação, a concentração deve ser feita de modo pleno, aberto e sem qualquer julgamento sobre o objeto ou a sensação observados. A ideia é apenas "viver o momento presente" daquela situação ou coisa.

A meditação *mindfulness* tem origem nas práticas meditativas orientais, principalmente budistas. No entanto, essa técnica passou a ser objeto de estudo da Medicina e da psicologia comportamental como parte de uma série de programas que têm como objetivo a redução do estresse.

No primeiro dia do treinamento, fizemos um exercício inicial muito simples, mas de efeito impressionante. Ele consistia em experimentar uma uva-passa em três momentos. No primeiro, comemos espontânea e rapidamente, como se faz no dia a dia. No segundo, a observamos detalhadamente: cor, formato, características. Fechamos os olhos e experimentamos a sua textura, a sua consistência, o seu cheiro. Ao passarmos a uva-passa nos lábios, sentimos o seu toque. Então, a colocamos na boca e demos uma primeira mordida, única e lenta, e sentimos o seu gosto, o efeito na boca e no corpo, a ativação das papilas gustativas, a salivação, o desejo de mordê-la novamente, até que o fizemos. No terceiro momento, experimentamos novamente comê-la, já tendo experimentado todos os efeitos do segundo momento, quando vivemos a atenção plena.

O efeito disso foi que, além de uma profunda calma interior, experimentei uma explosão de sensações e sabores que não observava no estado habitual de comer uva-passa. E, veja, eu adoro uva-passa! Como-a com frequência, pura ou na comida. No entanto, aquela atitude de presença e o estado de alerta plena despertaram novas e profundas percepções que me encheram de alegria e prazer.

Coloquei-me, então, a imaginar quanta riqueza temos perdido no dia a dia por não estarmos na atitude de presença e inteireza no que é vivido.

O estado de presença é a conexão com o real e com toda a multiplicidade de possibilidades que ele apresenta.

Frequentemente, visito a África, particularmente Moçambique e Malawi, pois trabalho como diretor de relações públicas e coordenador de saúde na Organização humanitária Fraternidade sem Fronteiras. Lá, vivenciamos muitas interações afetuosas, presenciamos dramas e dores inenarráveis, bem como alegrias difíceis de descrever, dada a profundidade da força daquele povo e de sua cultura. Grandes transformações podem vir daí, para todos. Uma das coisas admiráveis nesse povo é que as pessoas permanecem presentes, atentas e entregues em todos os momentos. E, quando isso acontece, grandes interações podem acontecer. O mesmo não se dá quando os celulares tomam o lugar do olho no olho, da mão na mão, do abraço, da conversa.

Já tive oportunidade de levar à Moçambique pessoas, como o DJ Alok, que se permitiram estar presentes e inteiros desde o primeiro momento, e que vivenciaram uma profunda sensibilização. Alok se sentiu muito tocado com algumas vovós que viviam em estado de abandono social e muita miséria, e isso teve um profundo impacto em sua vida porque ele estava presente e inteiro no que fazia, como pode ser visto em vídeos do seu canal no YouTube. Outras pessoas já não conseguiram viver, em outros momentos, essa mesma entrega e presença, dando mais atenção ao celular do que à interação, perdendo belas oportunidades. As escolhas são definidas de acordo com as prioridades de cada um. Por isso, a atitude de presença requer decisão e disciplina.

Há alguns meses, buscamos o apoio de Xuxa à Fraternidade sem Fronteiras. O contato foi feito por meio de amigos que temos em comum. Ela prontamente se disponibilizou a auxiliar, sempre nos dispensando atenção e afeto via WhatsApp, o que já nos impressionou logo de cara. Rapidamente, tirou foto com a camisa da ONG e a divulgou, tornando-se, também, uma das artistas madrinhas dos projetos de assistência que atendem a mais de quinze mil crianças órfãs e vulneráveis, bem como adultos refugiados de guerra de vários países da África.

Pouco tempo depois da divulgação de sua foto, estivemos no Rio de Janeiro, meu companheiro Nei Nicolato e eu, para um *workshop* de constelação. Fiz contato com ela novamente, desejando lhe apresentar pessoalmente o projeto, as fotos e nossa experiência, o que ainda não havia ocorrido, visto que nosso contato havia sido todo virtual até então. Para nossa surpresa, ela prontamente se disponibilizou a nos receber e marcou o encontro para um sábado à noite, em sua casa. Tivemos a alegria de desfrutar da companhia dela e de Junno Andrade, seu companheiro, por quatro deliciosas horas, em um jantar vegano, falando sobre o trabalho desenvolvido na Fraternidade sem Fronteiras. Foram momentos de muita troca proveitosa, mas o que mais vivamente nos impressionou, ao Nei e a mim, para além da enorme gentileza do casal, foi a capacidade deles, sobretudo da Xuxa (porque Junno precisou sair para buscar a filha no cinema), de permanecerem por horas inteiras completamente presentes, olho no olho, atenção plena, interessados, trocando ideias e impressões conosco sem encostar no celular. Ficamos profundamente tocados com essa atitude de presença e afeto e nos pusemos a refletir sobre quantas riquezas há no olho no olho, na sinceridade e no afeto disponibilizado quando estamos inteiros no que fazemos.

Quando estamos presentes, permitimos que a sincronicidade da vida atue e nos surpreenda nos detalhes. Percebemos que o estado de presença ativa uma conexão de nível profundo que move o que é necessário, não só em nós, mas também naqueles que vibram na mesma frequência, criando uma comunicação, fazendo com que haja sincronicidade nos movimentos afins. Mas, para perceber isso, é necessário estar atento, porque esse fenômeno às vezes salta aos olhos e se evidencia, porém, quase sempre, ele se manifesta nas pequenas coisas, que requerem atenção e presença para serem sentidas e usufruídas.

O ESTADO DE PRESENÇA É A CONEXÃO COM O REAL E COM TODA A MULTIPLICIDADE DE POSSIBILIDADES QUE ELE APRESENTA.

ATITUDE COMPASSIVA

A COMPAIXÃO TEM POUCO VALOR SE PERMANECE UMA IDEIA; ELA DEVE TORNAR-SE NOSSA ATITUDE EM RELAÇÃO AOS OUTROS, REFLETIDA EM TODOS OS NOSSOS PENSAMENTOS E AÇÕES.

»DALAI LAMA

HÁ UMA ENORME DIFERENÇA ENTRE DÓ E compaixão.

O sentimento de dó, frequentemente chamado por alguns de piedade, é um olhar para o vazio do outro. Quem sente dó se identifica com a falta e humilha o próximo, substituindo-o no trato com a sua dor. O piedoso geralmente se coloca na posição de salvador e ocupa o lugar do outro, para fazer por ele, afinal "o outro não sabe, não pode ou não dá conta". O piedoso não estende a mão, ele se abaixa para levar ao outro o que este necessita, mantendo-o lá. Com isso, reforça e mantém o vazio, ficando superior e importante na relação.

Já a compaixão é um olhar para a força do outro e para o que nele está "cheio".

A pessoa compassiva enxerga a falta ou a necessidade do próximo, mas vê igualmente a sua grandeza e sabe que não precisa fazer por ele, e, sim, ajudá-lo quando ele pede, fortalecendo-o e resgatando nele a força que move a ação. O compassivo não substitui o outro, ele é somente o ajudante; ele estende a mão para levantá-lo. Assim, mantém a sua dignidade e a dele, e não se coloca na posição de importante na relação; ele se conecta ao outro e o outro a ele por meio da gratidão.

Para ter uma atitude compassiva é preciso ter respeito pelo próximo.

Cada um é senhor de sua vida e capaz de encontrar suas respostas, caminhos e soluções. Aquilo que serve para um pode não servir para outro.

Impor ajuda ou ditar a maneira de ajudar é desrespeitoso. O outro é que nos diz o tipo de ajuda de que necessita e quando a necessita. Cabe a nós saber se temos para dar o que é solicitado e se é justo dar o que é pedido.[3]

A primeira condição para a ajuda compassiva é que o outro peça por ela. Quando impomos a ajuda ou ajudamos o outro sem que este peça e sem oferecer a ele o auxílio, para saber se ele o deseja e o necessita, invadimos o seu espaço, desrespeitosamente.

Quando uma pessoa aceita ajuda sem a pedir, ele a aceita para nos ajudar. Ela percebe que nós é que precisamos ajudá-la e aceita a ajuda, não porque queira ou precise, mas para não recusar e nos permitir ofertar. Assim, frequentemente a ajuda é desperdiçada, porque a pessoa não a recebe com a atitude de respeito bilateral que é essencial.

Quem sente dó do outro o invade por não suportar o seu sofrimento. Nesse caso, quem precisa de ajuda é quem oferece a ajuda, que não dá conta de lidar com a dor do outro e vê a sua própria dor ali projetada.

Muitas pessoas vêm de famílias servidoras, para as quais foi passada de geração em geração uma necessidade de servir ao outro incondicionalmente. Essas pessoas estão sempre de prontidão para ofertar algo e sentem culpa se não o fazem. Para elas, não é importante se o outro quer ou não, e, sim, a necessidade que têm de fazer algo pelo outro, continuamente. Costumam esquecer de si mesmas e se colocar em último plano. Estão sempre

---

3. Bert Hellinger. *Ordens da ajuda*. Atman.

prontas a fazer algo para alguém, mas não se priorizam nem se tratam com o mesmo respeito, e não se dão o mesmo valor. Quem assim age mantém esse comportamento por pertencimento familiar até que olhe para si com a mesma dignidade com que vê o outro, e para seus familiares com o respeito que permite romper padrões e construir novos destinos.

Outras pessoas impõem sua ajuda por atitude controladora. Creem-se melhores que as outras e mais aptas a ver o que outro necessita. Elas invadem o espaço do outro sem dar a ele a oportunidade de amadurecer ou de significar sua própria experiência a partir de individualidade e análise próprias, interiores.

O controlador, no fundo, é um grande inseguro que precisa impor sua visão de mundo ou de ação para reforçar em si a certeza que não tem, ou evitar o que teme, oculto em suas profundezas.

A atitude piedosa, de dó, fortalece a lamentação do outro. No entanto, quem lamenta não quer agir e não busca a solução; deseja apenas queixar-se de si mesmo ou do mundo. Quem se move por dó não suporta ver o outro sofrendo e costuma sensibilizar-se muito com as lágrimas alheias, que podem representar motivos variados. Há lágrimas de autopiedade, de dó de si mesmo, que reforçam o vazio que é sentido. Há também aquelas de acusação, que não promovem o alívio interior, antes, o agravam, uma vez que se sustentam na crítica do outro e do que ele acha que deveria ser feito, sem empoderar-se para a solução. Há lágrimas de raiva, que expressam revolta ou rebeldia. Há, finalmente, aquelas de catarse, de liberação e libertação interior, que aliviam e fortalecem o indivíduo porque ele coloca para fora suas emoções, conectando-se com a sua grandeza.

A melhor coisa a fazer diante de alguém que chora, em um cenário de ajuda, é dar-lhe suporte no sofrimento e estender-lhe um lenço, silenciosamente. O silêncio é respeitoso. É preciso dar tempo à pessoa para, então, no momento certo, quando seu pranto cessar ou diminuir e for possível para ela olhar nos seus olhos, com dignidade, e ver em você a dignidade serena do respeito a qualquer que seja a sua dor, você possa lhe perguntar: "Então, o que você sente? Qual é o seu sofrimento? Como posso ajudar?".

Naturalmente, essa postura de ajuda com atitude compassiva requer que a pessoa que ajuda esteja conectada com a sua própria trajetória, respeitando a si mesma e olhando para a sua força interior. Só ajuda o outro quem se ajuda.

A compaixão é uma das formas mais belas do amor, porque é movida pelo respeito e pelo resgate da dignidade do outro.

Para haver atitude compassiva, é necessário haver empatia, capacidade de se colocar no lugar do outro, como o outro. Não é empatia projetar em alguém a nossa história de vida e julgá-lo como se ele devesse se comportar de acordo com a educação e as oportunidades que tivemos. Empatia é a habilidade de se imaginar na pele do outro, com sua história, com suas oportunidades e com a falta delas, com sua trajetória.

Quando escrevi *Transexualidades sob a ótica do Espírito imortal* (Ame Editora, 2017), precisei enfrentar meus preconceitos desconhecidos e desenvolver a empatia. Decidi escrever essa obra porque, em 2012, havia publicado o livro *Homossexualidade sob a ótica do Espírito imortal* com um conteúdo que fazia uma nova análise dessa temática dentro do movimento espírita, do qual faço parte. Procurei, então, como médico espírita, ser o mais fiel aos princípios científicos, usando as classificações do Código Internacional de Doenças 10 (CID 10) e do Manual de Diagnóstico e Estatística em Saúde Mental (DSM IV) que vigoravam na época. Estes traziam a transexualidade ainda como diagnóstico psiquiátrico, o que foi modificado e retirado no DSM V e CID 11, em 2018. Naquele momento, não atentei que, publicando aquelas definições, fazia coro ao discurso que eu mesmo criticava, que patologizava a condição trans sem razão, assim como havia acontecido com a homossexualidade entre 1870 e 1973. É que eu estava atento às pessoas homossexuais e prestei pouca atenção às pessoas trans naquele período. Certo dia, no intervalo de um *workshop* sobre homossexualidade na Spiritist Psychological Society, em Londres, uma mulher trans se dirigiu a mim indignada, porém respeitosa, dizendo que o que estava naquela obra era exatamente o que a havia feito sair do Brasil, e contra o que ela lutava havia tantos anos. Fiquei em choque. Inicialmente, pensei que fosse uma alteração emocional dela, mas abri meu coração para olhar mais profundamente para aquela fala, que foi rápida e intensa, e percebi do que se tratava. Coloquei-me, então, no lugar dela e imaginei a dor de se sentir um "diagnóstico psiquiátrico" sem nenhuma patologia, apenas porque a Medicina não sabe explicar um fenômeno, e de depender de análises médicas e psicológicas contínuas para ter acesso a possibilidades de hormonização ou redesignação sexual.

Comprometi-me, então, a estudar o assunto e a escrever sobre ele. Levei cinco anos para concretizar o projeto. O primeiro passo foi me aproximar de pessoas trans para conhecê-las e à sua realidade. Escrever sobre a homossexualidade foi menos difícil porque eu mesmo vivi boa parte daquilo que relatei. Como homossexual, passei por muitas circunstâncias difíceis até me aceitar e compreender o que se passava dentro de mim. No entanto, como homem cisgênero (que tem a identidade sexual em consonância com o sexo biológico), eu não tinha familiaridade com pessoas trans (que têm a identidade sexual psíquica distinta de seu sexo biológico) e trazia mesmo alguns preconceitos não reconhecidos dentro de mim. Não entendia, por exemplo, por que boa parte da comunidade trans se prostituía. Nunca havia refletido sobre esse assunto e julgava aquela realidade, veladamente, sem nem me dar conta, como indevida, pensamento que estava de acordo com minha educação, valores familiares e morais.

Comecei a entrevistar pessoas trans e tive a sorte de encontrar corações muito generosos que dividiram comigo sua história e sua trajetória. A cada relato, uma dor nova era conhecida e muita força, admirada. Fiquei impactado com o número de desafios que cada um havia superado. Ouvi, também, relatos muito difíceis. Eu já conhecia o dado que indica que 80% da comunidade trans

sofre com evasão escolar[4] devido à transfobia, à perseguição e à violência decorrentes da condição trans, mas não
sabia da gravidade do assunto. Então, comecei a saber.

Uma mulher trans me contou que fora expulsa de casa
por seus pais e acolhida por outras mulheres trans, e
que não conseguia ir à escola por sempre ser excluída
e agredida verbalmente. Aquelas que a acolheram eram
prostitutas, caminho que ela também seguiu após tentar
conseguir emprego e ser vetada em todas as oportunidades sem ser ouvida somente por ser trans.

Outra me contou que sempre tivera a percepção clara
de sua identidade psíquica, desde a infância, e que apresentava trejeitos do sexo oposto ao seu sexo biológico,
compatíveis com sua identidade real. Durante sua adolescência, ela tinha que entrar e sair da escola, todos os dias,
acompanhada da diretora para não ser apedrejada pelos
outros jovens. Dentro da escola, era violentada ocultamente com frequência, tanto psicológica quanto fisicamente. Então, não aguentou e largou os estudos. Como
não tinha escolaridade mínima e nem tinha sido aceita
em nenhum lugar, fez da prostituição a sua profissão, com
um alto preço de sofrimento e angústia, segundo relatou.

Ao ouvir aquelas mulheres, fiz-me a seguinte pergunta:
"E se fosse você a ter passado por essas circunstâncias e
realidades de vida, você teria feito diferente?". Sincera-
mente, creio que não. Talvez tivesse feito até pior. Porque sempre foi cômodo olhar para a realidade das pessoas trans sendo cisgênero, tendo tido uma família que,

---

4. Dados da Associação Nacional de Travestis e Transexuais (Antra).

embora fosse inicialmente homofóbica (por conta de uma educação rígida, machista e religiosa), nunca me rejeitou e sempre me fez demonstrações inequívocas de amor incondicional. Mas e se não tivesse sido assim?

Foi, então, que pude experimentar a empatia de uma forma muito intensa. O que aflorou em meu coração foi, inicialmente, uma enorme admiração pela força e pela dignidade daquelas mulheres, por não terem desistido e por não terem se matado, embora várias tivessem tido ideação suicida. Depois, uma compaixão acompanhada de ternura brotou dentro de mim e eu disse para mim mesmo que deveria usar dos recursos ao meu dispor para educar sobre o assunto e promover a inclusão, bem como para aliviar a vida de algumas dessa pessoas, tanto quanto me fosse solicitado e permitido.

Agradeço enormemente àquela mulher trans que me abordou em Londres e que me olhou compassivamente, sem me julgar, apenas para partilhar o seu sentimento, despertando em mim a necessidade de me colocar em sua pele e ampliar o olhar e o coração.

A COMPAIXÃO É UM OLHAR PARA A FORÇA DO OUTRO E PARA O QUE NELE ESTÁ "CHEIO".

A PESSOA COMPASSIVA ENXERGA A FALTA OU A NECESSIDADE DO PRÓXIMO, MAS VÊ IGUALMENTE A SUA GRANDEZA E SABE QUE NÃO PRECISA FAZER POR ELE, E, SIM, AJUDÁ-LO QUANDO ELE PEDE, FORTALECENDO-O E RESGATANDO NELE A FORÇA QUE MOVE A AÇÃO.

DECIDIR E AGIR, SEM PROCRASTINAR

7

–VOCÊ TOMA ALGUMA
COISA PARA SER FELIZ?
– SIM, DECISÕES.

»AUTOR DESCONHECIDO

QUANDO ENCONTRAMOS AS POSTURAS

internas que trazem paz diante de uma decisão a ser tomada, devemos agir sem demora. "Agir" não significa realizar integralmente algo, pois o tempo de cada coisa precisa ser respeitado; significa, simplesmente, expressar a decisão em atitudes práticas que promovam movimento.

A procrastinação é um movimento em direção à morte, ao "menos".

Procrastinar é não agir, é postergar indefinidamente a ação realizadora que segue aquilo que sonhamos ou de que precisamos. A procrastinação gera sentimentos de culpa, de atraso, de falta ou de dever não cumprido.

Há pessoas que procrastinam porque não creem em si mesmas, em suas capacidades pessoais. Talvez se sintam assim por terem tido uma educação cheia de crenças negativas, ou histórias de vida traumáticas, ou, ainda, por terem personalidade procrastinadora.

Algumas pessoas procrastinam para não enfrentar as dificuldades que imaginam que terão para fazer algo. O resultado disso é que a dificuldade aumenta e, muitas vezes, elas abrem mão do que sonharam realizar— ou do que precisariam realizar.

A procrastinação gera frustração e decepção.

Lembro-me de quando estudava para o vestibular de Medicina e sentia dificuldade de alcançar a aprovação. Ao mesmo tempo em que estudava, procrastinava a dedicação máxima, temendo ter de renunciar às atividades voluntárias que fazia na época. Mas a educação que recebi, tanto nos anos do Ensino Fundamental quanto nos anos do Ensino Médio, embora muito bons, não me deram base para uma aprovação imediata. No terceiro ano do Ensino Médio, escolhi não me dedicar em horário integral para não me afastar dos amigos dos quais gostava tanto. Procrastinei, não fui aprovado logo após o término da escola e, naquele momento, já paguei a conta. Comecei a fazer cursinho, mas continuei a procrastinar, embora isso não fosse típico da minha personalidade ariana. Estudava sem dedicação plena porque havia encontrado um caminho espiritual que falou ao meu coração e dediquei muitas horas a estudo e voluntariado, que naquele momento não era a prioridade. Consequência: não passei novamente. Começar o cursinho pela segunda vez foi a pior sensação que lembro de ter tido em relação aos estudos. Senti um misto de sentimentos: fracasso, culpa, desânimo de recomeçar, de fazer tudo de novo. Naquele começo de ano, tive um sonho com uma pessoa muito especial para mim: Adolfo Bezerra de Menezes Cavalcanti, um médico que me é referência em vários níveis. No sonho, ele me falava de forma firme e amorosa sobre o meu comportamento e o meu "atraso", e me conclamava a não procrastinar mais, a me dedicar com inteireza. Assim o fiz daquele dia em diante, e alcancei o que tanto sonhava e que era também o meu dever.

O medo do fracasso também paralisa muita gente. Ora, fracasso é apenas uma interpretação do ocorrido. Aquilo que não dá certo é também uma experiência válida que promove crescimento e que sempre pode ter aspectos positivos e construtivos. Muitas realizações bem-sucedidas só são alcançadas após alguns testes e algumas tentativas infrutíferas, que ensinam o melhor caminho para o efeito desejado. Por isso, não agir é postergar a própria felicidade.

Quantos casamentos ou relacionamentos são sustentados na infelicidade por inação? Coisas que deixaram de ser ditas, sentimentos que não foram partilhados, cuidados esquecidos ou não ofertados... e quando se vê, já há uma crise, um afastamento, um abismo que separa aqueles que se amam, mas que não agem.

O tempo de realizar os sonhos que vêm do *self*, da essência, é no hoje e no agora. O amanhã é só uma possibilidade que talvez não exista. Então, é no presente que vivemos a construção dos sonhos. É claro que isso exige olhar para o real, pois agir agora pode significar esperar o tempo certo de a semente germinar, sem apressá-la. No entanto, agir agora requer regá-la e adubá-la, sem inação.

Há uma grande diferença entre agir e reagir. Para reagir, basta não fazer nada, largar-se e seguir ao sabor da maré do mar da vida, nas idas e vindas, nos fluxos e refluxos dos acontecimentos. Aquele que reage, sobrevive. Para agir, é preciso ter visão, metas, instrumentos, coragem e, sobretudo, decisão. Aquele que age, vive.

Lembro-me de uma pessoa que me pediu ajuda em um *workshop* de constelação familiar, pois estava diante de um dilema que requeria posicionamento e decisão firme. Aquela pessoa se sentia perdida, confusa.

Em um *workshop* vivencial de constelação familiar, usamos a técnica fenomenológica da representação, na qual selecionamos uma pessoa qualquer daquele grupo para representar o que necessitamos. Essa pessoa se coloca à disposição, em completa neutralidade, para deixar atuar nela o campo da realidade daquilo que ela representa. Esse campo é energético, quântico, transpessoal. Observando os movimentos e as posturas daquela pessoa, podemos inferir o que está acontecendo no mais profundo dela.

Escolhi, então, além de outros representantes da decisão que precisava ser tomada, um representante da "confusão" daquele homem ou da procrastinação para tomar a decisão. Ficou claro, pelo movimento dos representantes, qual era a decisão a ser tomada e onde estava a alma da pessoa que constelava naquele conflito. No entanto, o representante da procrastinação fazia de tudo para distrair o representante de quem constelava, como se tivesse vontade própria. Era nítido que aquela procrastinação tinha um só objetivo: impedir a pessoa de fazer o que ela já sabia que tinha de fazer por si mesma. Naquele caso, quando aprofundamos o diagnóstico, percebemos que se tratava de um movimento em direção à morte ou ao "menos", à não ação. Ao ver aquela dinâmica a pessoa que constelava pôde também reconhecer as posturas que decidem pela vida e que permitem a ação que a alma já sinalizava para movê-la em direção ao "mais".

No processo da ação, um passo se revela após o outro, e não é possível ver o caminho inteiro. É como o farol aceso de um carro que transita em uma noite escura, que só ilumina duzentos metros adiante do veículo; o caminho vai sendo revelado à medida que o carro avança. Igualmente, os caminhos da alma só se mostram quando o passo que já está consciente é dado, liberando o movimento. Então, a sincronicidade da vida, a atração dos afins e o destino se revelam, deixando claro, dentro e fora de nós, qual é o próximo passo a ser dado. E, de passo a passo, o caminho é conhecido. Por isso, a atitude de decidir e agir é essencial para que os sonhos e os deveres não morram no plano das ideias ou na paralisia da neurose de controle e de segurança para além da essencial.

Decisão é o pontapé inicial para qualquer conquista. Muitas pessoas dizem: "Eu quero, mas não sei como fazer". Então, pergunto: "E como você se tornou o profissional que é? Nasceu sabendo?". Elas respondem que não. Pergunto: "O que é que o levou na direção de tornar-se aquilo que você é hoje?". E ouço a resposta: "Uma decisão". Sim, uma decisão basta. Uma decisão firme, disciplinada, persistente. Tudo começa aí. Aquele que decide e não procrastina, coloca-se em movimento e atrai para si a sincronicidade do que necessita. De repente, as ferramentas começam a aparecer, os caminhos começam a se mostrar, as oportunidades passam a surgir. Decisão e atitude representam tudo o que é preciso para começar.

Cada pessoa tem uma personalidade e um temperamento que facilitam ou dificultam a tomada de decisão. Pertence, pois, ao autoconhecimento, a tarefa de auxiliar cada um a perceber o que é preciso fazer, agora, para dar um passo além.

Os processos de decisão e ação requerem centramento, conexão com o centro de nós mesmos, com a essência, com o ser real que somos. O centramento é fruto de uma entrega e de um exercício profundos, que acontecem quando confiamos naquilo que nos guia desde o mais interno.

Estar centrado é estar na serenidade da conexão com o *self*, movido pelas próprias ideias e necessidades. Isso se expressa, sobretudo, por meio da coragem.

Quem decide agir movimenta os recursos para alcançar os resultados almejados. Toda conquista, interior ou exterior, é a soma da decisão com o esforço e a perseverança.

A ATITUDE DE DECIDIR E AGIR É ESSENCIAL PARA QUE OS SONHOS E OS DEVERES NÃO MORRAM NO PLANO DAS IDEIAS OU NA PARALISIA DA NEUROSE DE CONTROLE E DE SEGURANÇA PARA ALÉM DA ESSENCIAL.

ATITUDE DE CORAGEM: A AÇÃO DO CORAÇÃO

A CORAGEM CONDUZ ÀS ESTRELAS,
E O MEDO, À MORTE.

»SÊNECA

A AÇÃO CORAJOSA É O MOVIMENTO DEcorrente da conexão com a essência.

Coragem é a ação do coração. O corajoso não é alguém que não sente medo, é um medroso que se guia pelo coração. Ele se sente amedrontado diante do novo ou do desconhecido, como é natural, mas isso não o paralisa, antes, o faz mover-se na direção dos seus sonhos com determinação, vencendo obstáculos e prosseguindo em direção ao alvo.

Quando seguimos o coração, sentimo-nos seguros.

Aqui, preciso fazer uma importante distinção para que não haja confusão na interpretação do que digo. Seguir o coração não representa seguir os impulsos do desejo livremente; isso seria um desastre. O desejo se move pelos vazios da alma e não representa, necessariamente, o que o coração precisa. Seguir o coração, então, seria sentir o que enche o peito de serenidade e afeto, de calma e entusiasmo – a presença da alma. Isso é fruto do centramento.

Centrar-se significa entrar em conexão com a essência. Podemos alcançar uma conexão de profundidade por meio do autoconhecimento, da oração, da meditação, do silêncio, da espera, do trabalho terapêutico, da ajuda, entre outros modos.

É o centramento que permite a atitude de coragem. Quando nos afastamos dele, o medo prepondera e pode paralisar.

Bert Hellinger, filósofo e terapeuta sistêmico, conta uma importante história sobre o centramento e a coragem no livro *No centro sentimos leveza*:

O CENTRO

Alguém se decide, afinal, a saber. Monta em sua bicicleta e pedala para o campo aberto, afastando-se do caminho habitual e seguindo por outra trilha.

Como não existe sinalização, ele tem de confiar apenas no que vê com os próprios olhos diante de si e no que mede com o seu avanço. O que o impulsiona é, antes de tudo, a alegria de descobrir. E o que para ele era mais um pressentimento, agora se transforma em certeza.

Eis, porém, que o caminho termina diante de um largo rio. Ele desce da bicicleta. Sabe que, se quiser avançar, terá de deixar na margem tudo o que leva consigo. Perderá o solo firme, será carregado e impulsionado por uma força que pode mais do que ele, terá de entregar-se a ela. Por isso hesita e recua.

Pedalando de volta para casa, dá-se conta de que pouco conhece do que poderia ajudar e dificilmente conseguirá comunicá-lo a outros. Já tinha vivido, por várias vezes, a situação de alguém que corre atrás do outro ciclista para avisá-lo de que o para-lama está solto. "Ei, você aí, o seu para-lama está batendo!" – "O quê?" – "O seu para-lama está batendo!" – "Não consigo entender", grita-lhe o outro, "meu para-lama está batendo!"

"Alguma coisa deu errado aqui", pensa ele. Pisa no freio e dá meia volta.

Pouco depois, encontra um velho mestre e pergunta-lhe: "Como é que você consegue ajudar outras pessoas? Elas costumam procurá-lo, para pedir-lhe conselho em assuntos que você mal conhece. Não obstante, sentem-se melhor depois".

O mestre lhe responde: "Quando alguém para no caminho e não quer avançar, o problema não está no saber. Ele busca segurança quando é preciso coragem, e quer liberdade quando o certo não lhe deixa escolha. Assim, fica dando voltas.

O mestre, porém, não cede ao pretexto e à aparência. Busca o próprio centro e, recolhido nele, espera por uma palavra eficaz que o alcance, como alguém que abre as velas e aguarda pelo vento. Quando alguém o procura, encontra-o no mesmo lugar aonde ela própria deve ir, e a resposta vale para ambos. Ambos são ouvintes".

E o mestre acrescenta: "No centro sentimos leveza".

Se alguém elege segurança quando a vida lhe pede coragem ou liberdade quando aquilo de que necessita já está claro e limita-lhe a escolha, então paga um preço muito alto. Conheci isso de perto.

Quando entrei na faculdade de Medicina, já tinha em mente que desejava fazer homeopatia como especialização médica, pois havia elegido esse curso como profissão após ler a biografia de um destacado homeopata e espírita brasileiro, o dr. Adolfo Bezerra de Menezes Cavalcanti. Até então, queria fazer Direito, seguindo meu pai que era juiz. Assim, já entrei na faculdade com um olhar diferenciado para o processo de saúde e doença. Quando me formei, comecei a trabalhar como médico de família e comunidade, função de que gostava muito, tanto pela atividade quanto pelo contato com as pessoas que atendia. Em paralelo, dava plantões de urgência e emergência em clínica médica e pediatria em Belo Horizonte e em cidades do interior.

Quando estava com dois anos de formado, iniciei a especialização em homeopatia, que durou três anos. Quando terminei os estudos, meu pai vendeu uma casa e deu o dinheiro da venda de presente para os três filhos, como herança em vida. Com minha parte, comprei meu consultório, um presente de meu pai. Montei-o no Instituto Renascimento, clínica na qual trabalho até hoje e que me faz sentir muito honrado. Sempre quis estar ali com as pessoas que admiro, como os psiquiatras Roberto Lúcio Vieira de Souza e Jaider Rodrigues de Paulo, entre tantos outros. Tinha, portanto, um consultório, como sempre sonhei. Então, fiz um acordo com a minha chefe: seria liberado do trabalho no posto de saúde um dia por semana para que pudesse atender no consultório, compensando as horas nos outros dias. Mas tinha apenas dois ou três pacientes por semana.

Meu coração me dizia: "Seu tempo no posto de saúde terminou. Largue-o e vá para o seu consultório". Então, eu lhe dizia: "Cale a boca, coração, que você não sabe o que está falando". Eu morria de medo daquela mudança por causa da instabilidade que ela poderia trazer. Eu já morava sozinho desde que me formara e era independente financeiramente. Meu coração não se contentava com meus medos e receios. Continuava a me dizer, após um tempo respeitoso de silêncio: "Largue o posto e vá para o seu consultório", e eu lhe retrucava: "Cala a boca, coração, que não é você que paga as contas". E ele se calava, momentaneamente.

Eu era concursado na prefeitura de Belo Horizonte, tinha boa reputação com os pacientes, estabilidade, décimo terceiro salário, férias, bônus por produção... Tudo isso me dava um conforto que eu não queria colocar em risco. Mas não há crescimento sem risco e nem ganhos sem perdas relativas.

Meu coração seguia falando e eu continuava dizendo a ele que se calasse. Então, aconteceu o que acontece com todos que não seguem o coração: eu me deprimi. A depressão em homens, por vezes, tem características distintas do que tradicionalmente se reconhece como depressão, prostração e tristeza profunda. Frequentemente, os homens ficam irritados, agressivos, reativos. Foi o que aconteceu comigo. Havia uma tristeza nítida em mim, e eu já ia para o trabalho, que antes amava tanto, querendo voltar para casa. A sobrecarga passou a ser mais facilmente sentida e reclamada. Desenvolvi aquilo que em Medicina chamamos de síndrome de *burnout*, um conjunto de sintomas de estresse crônico que sinalizam que já passamos, e muito, dos limites pessoais, e entramos em estafa. Isso durou algum tempo, agravando-se durante um ano e meio.

Nesse período, dando ouvidos a outro chamado do coração para que buscasse abordagens que ampliassem o meu olhar para a experiência humana, comecei a fazer o treinamento em constelação familiar no Instituto Desenvolvimento Sistêmico para a Vida, o IDESV, em Belo Horizonte. Um dia, ao assistir à constelação de outra pessoa, sentado tranquilamente em minha cadeira, algo extraordinário aconteceu: senti como se um vulcão explodisse dentro de mim, a ponto de me dar taquicardia e falta de ar súbitos, mas sem desconforto. Tive certeza, naquele instante, de que deveria sair do posto de saúde imediatamente, ou algo muito sagrado e profundo morreria dentro de mim. Eu já havia procrastinado aquela decisão demais devido ao medo.

Isso só aconteceu porque descobri ali, naquele instante, o caminho da coragem. Aquela constelação havia sido uma das últimas do dia, felizmente, e então, tão logo terminou, fui direto para a casa dos meus pais. Ao entrar, sentei-me na sala com meu pai e lhe disse: "Pai, estou querendo sair do posto de saúde. Se por acaso eu precisar, o senhor me ajuda durante alguns meses até eu estabelecer a minha clientela?". Meu pai me olhou com um sorriso nos olhos e um amor terno, como lhe é habitual, e um sorrisinho leve e pedagogicamente irônico nos lábios, que percebia a relativa imaturidade do filho, e me disse: "Meu filho, eu sempre estive aqui para você". Então, eu me dei conta, naquele instante, de que ele sempre esteve ali com o amor de pai para mim. Eu é que não estava ali como filho para ele. Minha postura era de arrogância disfarçada de capacidade. Eu queria dar conta de tudo sozinho, sem depender mais, como havia sido durante tanto tempo, e não percebia a bênção que era ter um pai disponível para me ajudar sempre que necessário, algo que ele mesmo não teve por ser o segundo filho dentre vinte e um, e por ter tido que aprender a trabalhar e a se virar desde os 7 anos de idade, sem ter aquilo que ele me disponibilizava. Talvez, até mesmo por pertencimento, eu queria, naquele momento, por minha vez, mostrar a minha capacidade e o meu valor, dando conta de tudo sozinho. No entanto, graças ao sacrifício amoroso dele e da minha mãe, para mim era muito mais leve. Era minha obrigação, dessa maneira, ir mais longe no caminho dos meus sonhos.

Quando me reconheci novamente filho, e, sobretudo, quando me conectei com meu pai, uma coragem imensa – cheia de insegurança, porém, vigorosa –, apoderou-se de mim sem me dar chance de voltar atrás. Não havia essa possibilidade. No dia seguinte, logo cedo, pedi exoneração, passando a cumprir o aviso-prévio e pegando a todos, exceto meu pai, de surpresa. Enchi-me de entusiasmo só de pensar na possibilidade de mudar de rotina e passar a atender como médico homeopata.

Só aí me lembrei de quantas vezes meu pai me havia dito, com a serenidade e o respeito característicos dele: "Meu filho, larga o posto e vai para o seu consultório". E eu sempre havia achado que ele não entendia o que aquilo significava em termos de instabilidade. Pura arrogância minha. Quem não sabia nada da vida era eu. Ele saiu da casa dos meus avós com uma mão na frente e outra atrás, e conquistou tudo na vida. Já casado, tornou-se chefe de divisão no Instituto Nacional de Colonização e Reforma Agrária, o INCRA, mas decidiu largar tudo e recomeçar. Como havia feito o curso de Direito (já era formado em Letras), optou por advogar enquanto estudava para o concurso da magistratura, seguindo o seu sonho de ser juiz. Ele, assim como o meu avô, não se deixavam paralisar pelo medo; eram muito corajosos. E eu, segundo filho nessa linhagem, queria seguir o papai no seu destino mais difícil, quando poderia ser mais leve para mim.

Comecei a atender em meu consultório e, para a minha surpresa, no mês seguinte ele já estava relativamente cheio, com um número suficiente de clientes para que eu me mantivesse sem a ajuda do meu pai. Não precisei pedir a ele nenhuma ajuda, no entanto, até hoje continuo disponível para recebê-la, caso necessite, como filho. Desse lugar de força e dessa conexão de coragem, não desejo me afastar nunca mais.

Aprendi, portanto, que a coragem vem da conexão com a força do pai.

Muitas pessoas não têm – ou não tiveram – a alegria de conviver com seus pais ou de tê-los presentes ou participativos como eu tive. Outros tiveram pais presentes, mas com posturas diferentes.

Tenho percebido, nos trabalhos de constelação familiar, que essa conexão com a força do pai não depende de sua postura nem de sua personalidade. É claro que elas podem facilitar tudo, mas isso não é o essencial. Muito mais importante do que ter um pai disponível para nós é estarmos disponíveis para ele, ou seja, no lugar de pequenos e filhos, no coração, como já abordamos anteriormente. Isso pode acontecer independentemente de o indivíduo ter conhecido o pai ou convivido com ele. Trata-se de uma conexão que depende exclusivamente de uma postura de aceitação do destino como ele é ou como pôde ser, de respeito pelo pai e de um vínculo, no coração, por meio da gratidão por ele.

Muitos problemas de insegurança e medo que impedem as atitudes corajosas têm solução nesse movimento de entrega à força do pai. Certamente, há outras dinâmicas sistêmicas que atuam por trás desses sentimentos e emoções, bem como questões psíquicas ou espirituais, mas tenho visto grandes movimentos de coragem a partir dessa entrega libertadora.

A atitude corajosa é, pois, a guiança do coração, que permite o movimento nos caminhos dos sonhos da alma conectada à sua força e à força daqueles que são a sua fonte interior.

CORAGEM É A AÇÃO DO CORAÇÃO.
O CORAJOSO NÃO É ALGUÉM QUE
NÃO SENTE MEDO, É UM MEDROSO
QUE SE GUIA PELO CORAÇÃO.

DESISTIR PARA CRESCER

INSANIDADE É CONTINUAR FAZENDO SEMPRE A MESMA COISA E ESPERAR RESULTADOS DIFERENTES.

»ALBERT EINSTEIN

MUITAS VEZES, A ÚNICA ATITUDE NECES-sária para seguir na direção do crescimento e da paz é a da desistência. Pode parecer paradoxal, mas desistir é um movimento "cheio". E é importante reconhecer aquilo de que é preciso desistir.

A insistência para seguirmos nos caminhos do nosso desejo, sem percepção das sinalizações da vida e dos efeitos de nossas posturas, pode nos trazer muita decepção e dor desnecessárias.

Muitas vezes, insistimos em posturas que demonstram ser inadequadas ou que nos trazem sofrimento quando já percebemos que devemos ou podemos fazer algo distinto.

Nessa etapa, frequentemente dizemos "Eu sei que devia fazer isso, mas não consigo". Em linguagem terapêutica, a expressão "não consigo" equivale a "eu ainda não quero". Por trás do sentimento de incompetência há um apego inconsciente a uma postura, e uma falta de motivação para fazer diferente. Trata-se do hábito arraigado e do condicionamento. Para fazer diferente não é preciso saber; basta decidir. Tudo se inicia em uma decisão. E esta é um movimento interno daquele que quer se mover do "menos" para o "mais", sem demora.

Quem decide corre atrás dos meios para executar o que planejou ou idealizou. Todo profissional, por exemplo, inicia a sua carreira com base em uma decisão. Ninguém nasce pronto. Tudo o que é conquista vem do esforço, e todo caminho começa em um momento decisivo em que alguém diz "sim" a uma trajetória.

Eu, por exemplo, formei-me em Medicina. Não nasci médico, mas decidi sê-lo após ler a biografia do dr. Bezerra de Menezes, minha grande referência, aos 16 anos de idade. Até então, achava que faria Direito, seguindo os passos do meu pai.

Ao me decidir, percebi que teria um longo caminho pela frente e comecei a me preparar. Tive que escolher o cursinho que me daria a condição do estudo aprofundado que não tive na escola, pois não fiz o terceiro ano em período integral. E me matriculei. Fiz dois anos de cursinho, pois, no primeiro ano, não estudei o suficiente. Eu dizia "Eu quero", mas não me dedicava o bastante. Acabei me sentindo frustrado por não passar. Tinha pontuação para ser o primeiro lugar em vários cursos, mas não Medicina. Paciência...

Logo, percebi que não bastaria estudar oito horas por dia, e que, se eu quisesse alcançar o meu objetivo, teria que estudar muito mais horas diariamente, com dedicação integral. E assim o fiz. Fui aprovado na única universidade na qual pensei que nunca passaria, a Universidade Federal de Minas Gerais (UFMG).

Então, começaram as aulas. Eu já era médico? Não, ainda teria seis longos anos pela frente e, depois, mais três anos de especialização em homeopatia, meu objetivo, até alcançar meu intento. E assim foi. Como toda essa trajetória começou? Com uma decisão: "Serei médico", disse para mim mesmo. Ainda não sabia como fazer, nem se alcançaria minha meta, mas me decidi e me comprometi comigo mesmo a fazer o que fosse necessário, pelo tempo que fosse preciso, para chegar lá. Ao longo do caminho, fui desistindo de tudo que me impedia de alcançar o meu intento e me decidindo por tudo aquilo que me aproximava dele.

Portanto, o "não consigo" costuma ser só uma máscara do "não quero", ou do "estou bem assim", ou mesmo do "ainda não quero o suficiente".

Há ganhos ocultos na permanência, e eles sustentam a ausência de transformação ou de crescimento.

Recentemente, ouvi um interessante relato de alguém que fazia mestrado e que se queixava, havia várias consultas, por não conseguir terminar de escrever a sua dissertação. Essa pessoa se comparava com outras que aparentavam realizar suas atividades com facilidade e alimentava um falso sentimento de inferioridade, menosprezando-se. Então, teve um *insight* libertador. Ela se deu conta de que o que a limitava e a impedia de terminar de escrever a sua dissertação não era a sua incompetência, mas o medo do que viria depois. "Se eu terminar o meu mestrado, terei que procurar trabalho, e tenho evitado fazer isso". Ela se deu conta de que o não escrever era uma tática defensiva para não lidar com a necessidade de adultecer e ter que responder pela própria vida.

Há uma grande diferença entre lamentar e se renovar. Quem enumera dificuldades e diz não agir devido aos obstáculos que encontra, em geral, não quer vencê-los. Quem lamenta, não quer solução. A solução custa esforço e abandono do vitimismo.

Há decisões de desistência que são libertadoras. Desistir é algo ativo, não depende de condições. É uma rendição interior, quando nos damos conta de que uma determinada postura não nos ajuda e que outra se faz necessária para que alcancemos nossos objetivos. Quando desistimos de algo, o soltamos, o liberamos, deixamos fluir.

Desistir do sentimento de dó traz um empoderamento pessoal em relação a nós mesmos e ao outro, fazendo com que fiquemos mais focados e nos alimentemos da força que toda pessoa e toda comunidade têm. Quando desistimos de sentir dó, decidimos focar as competências que exaltam a grandeza de todos, e o resultado disso é uma conexão com um movimento de vida. Então, a compaixão pode aflorar no encontro de humanidades.

Desistir da crítica promove empatia. Quem critica sem compaixão se coloca em uma posição arrogante, de superioridade, sustentando-a no rebaixamento do outro para estar mais alto. Quando criticamos, impedimos que aquilo que nos faz iguais nos conecte e que pontes de afeto se estabeleçam para promover conexão. A crítica justa e empática analisa as circunstâncias com respeito, ressaltando com justiça os pontos fortes ou positivos daquilo ou daquele que é julgado, sem arrogância.

Desistir da exigência nos coloca em pé de igualdade. Só exige quem se sente merecedor – e superior ao outro – do direito de requisitar algo. Quem exige sem poder exigir se comporta como criança, sem assumir o esforço de que necessita para conquistar. Só as crianças ganham sem merecer, por conta do amor gratuito dos pais. Quem age inconscientemente como criança costuma se achar merecedor de ser servido ou obedecido, controlando a todos por meio de uma postura de exigência, de cólera perante as frustrações ou de subserviência. Essas posturas demonstram um ego frágil que precisa olhar para a apropriação de si mesmo com mais profundidade. Desistir da exigência e decidir-se pela troca equilibrada e justa é uma postura humilde, que faz aflorar o verdadeiro poder pessoal.

Desistir de lamentar nos empodera para olharmos para as soluções. Quem cessa as queixas e decide comprometer-se consigo mesmo, move-se na direção da percepção das posturas que trazem paz. Deixa de perguntar "Por que comigo?" para refletir sobre "O que posso fazer com isso?". Então, as soluções criativas podem vir.

Recentemente, assisti a um excelente e inspirador filme chamado "O menino que descobriu o vento". Permita-me o *spoiler* para exemplificar o que disse anteriormente. O filme conta a história de um garoto do Malawi, na África, em um contexto de muita pobreza e necessidade. Fiquei muito sensibilizado porque conheço o país e a região graças ao trabalho da Organização humanitária Fraternidade sem Fronteiras, que me levou para lá para o trabalho médico voluntário em um campo de refugiados de guerra em Dowa. Vi, várias vezes, com meus próprios olhos, aqueles campos e as lutas de seu povo guerreiro. O filme se passa em um momento em que uma inundação impede o crescimento de grãos em todo o país e provoca uma grande fome. A família do garoto, que antes plantava para subsistência, vive a fome e o desespero, como todos os outros. Mas aquele garoto, em vez de se lamentar ou desistir, decide explorar, pesquisar, inventar e termina por fazer algo revolucionário que socorre a todos, mudando a realidade não só de sua família como a de toda a comunidade. Não vou contar o que ele fez para não estragar a sua curiosidade de assistir ao filme. Assista e se emocione, como aconteceu comigo.

Desistir da acusação permite que a atenção seja posta no que é ou naquilo que está "cheio" em uma pessoa, uma relação ou um acontecimento. Tudo tem dois lados. Um copo com água pela metade pode ser visto como quase cheio ou como quase vazio. A quantidade de água nele é a mesma, o que muda é o olhar. Quando focamos o que de bom há em algo ou alguém, desistindo de acusar e sendo compassivos com as imperfeições humanas daqueles que nos são semelhantes, podemos estabelecer conexões de amor profundo.

Desistir dos julgamentos morais promove libertação interior. Os julgamentos estão a serviço da exclusão e da morte, e não da vida. Quem ama a moral mais do que ama o ser humano se desconecta do essencial.

Desistir da negação de si mesmo e acolher a integralidade de sua humanidade é postura de autoamor e autorrespeito. Quem se aceita comum e imperfeito vive em paz e em harmonia consigo mesmo e com os demais. É afetado pelo que vive, mas facilmente volta ao prumo, pois a aceitação de sua imperfeição e de sua vulnerabilidade o faz focar o que está "cheio" em si e no outro, e nas possibilidades da resiliência e da resignação ativa. Como uma fênix, renasce sempre das cinzas.

Desistir, pois, das posturas que não nos acrescentam nada e nos decidir por aquelas que nos movem adiante e trazem paz é um movimento que nos faz progredir. E ele começa sempre com uma rendição interior e uma decisão firme e perseverante.

Eu desisto: de me ferir, de me cobrar, de julgar, de exigir, de ter dó, de me negar... E decido: me amar, ser compassivo, ser tolerante, ser inclusivo, ser generoso... A maneira como fazer isso, busco a partir de então, e, se a decisão é firme, o objetivo é sempre alcançado.

DESISTIR É ALGO ATIVO, NÃO DEPENDE DE CONDIÇÕES. É UMA RENDIÇÃO INTERIOR, QUANDO NOS DAMOS CONTA DE QUE UMA DETERMINADA POSTURA NÃO NOS AJUDA E QUE OUTRA SE FAZ NECESSÁRIA PARA QUE ALCANCEMOS NOSSOS OBJETIVOS. QUANDO DESISTIMOS DE ALGO, O SOLTAMOS, O LIBERAMOS, DEIXAMOS FLUIR.

TOMAR O AMOR DE PAI E MÃE

10

HONRA TEU PAI E TUA MÃE, A FIM DE QUE TENHAS VIDA LONGA NA TERRA QUE O SENHOR, O TEU DEUS, TE DÁ.

»ÊXODO, 20:12

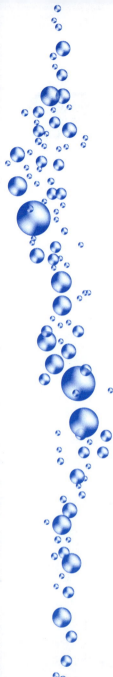

O VÍNCULO COM O PAI E COM A MÃE É O mais importante de nossas vidas. Todos nós nos vinculamos à nossa família biológica – e a todos aqueles que a ela pertencem – por laços profundos de amor, derivados do fenômeno da vida.

Somente porque aqueles que vieram antes fizeram o que foi necessário para passar a vida adiante é que hoje estamos aqui, com a oportunidade de recebê-la em nosso sistema familiar. Esse vínculo, portanto, é vital e sagrado. Trata-se do **PERTENCIMENTO** familiar.

Façamos o exercício de nos compararmos a uma árvore e visualizemos o pertencimento como sua raiz. Essa raiz nos vincula ao terreno em que nascemos, onde a semente germinou e a vida teve lugar. Essa conexão é essencial e vital, pois é ela que nos dá os nutrientes necessários para a força interior que nos faz brotar e crescer.

O relacionamento com os pais é o tronco da árvore; trata-se da **ORDEM** familiar. É ele que nos dá a sustentação e faz o movimento de crescimento, a partir da raiz, na direção do mundo. O tronco dá estrutura, força, carreia a seiva nutriente em seu centro e permite que a vida prospere.

Os galhos nascem em direções variadas, na riqueza da multiplicidade que o tronco, de onde eles nascem, produz. Esses são os galhos da vida pessoal, da nossa relação com os outros e conosco, da relação que estabelecemos com o dinheiro e com a profissão, da relação de casal, entre outras. Todas as áreas de nossas vidas dependem da forma como nos relacionamos com nossos pais, assim como todos os galhos dependem do tronco.

Nos galhos há produção de folhas e trocas com o meio, o que possibilita a absorção e a produção de gases, na fotossíntese, em harmonia. Posteriormente, há produção de flores e polinização cruzada, que permitem a fecundação e a multiplicação da vida, na formação dos frutos. Nos galhos, portanto, encontramos o EQUILÍBRIO nas trocas, no dar e no receber que permitem a continuidade da existência. O mesmo acontece conosco nas relações, como as de casal, ou na profissão, que permitem que aquilo que foi recebido seja intercambiado e passado adiante, seja nas vidas que seguem, seja nas obras que são possibilitadas.

O relacionamento com os pais, portanto, é o tronco da árvore da vida, que nos sustenta e nos leva além. No entanto, essa é uma das relações na qual costuma haver muito conflito, desentendimento, queixas e acusações.

Muitas pessoas permanecem estacionadas na vida em várias áreas porque dentro delas há um núcleo de dor nessa relação que não é olhado ou cuidado.

Por trás do que chamamos de defeitos e limitações, que caracterizam parte de nossa sombra, há uma criança interior ferida aguardando ser vista, acolhida e amada. Palavras estimuladoras não ouvidas, carinhos negados, afeto negligenciado ou negatividade acumulada sustentam atitudes de orgulho, vaidade, arrogância, inveja, ciúme, possessividade, carência afetiva, agressividade ou desonestidade, dentre outros.

Olhar para essa criança e abraçá-la com amor, na aceitação incondicional de si mesmo e com o compromisso em trazer à tona o nosso melhor, é atitude de cura e libertação. Esse é um compromisso que devemos assumir conosco.

Todos somos luz, e, quando nos damos o que necessitamos, permitimos que a bondade, a generosidade, a delicadeza, a ternura, a gentileza e a compaixão aflorem com afetividade e alegria. Assim, a comunhão no amor permite encontros e realizações inimagináveis.

Oferecer a nós mesmos aquilo de que necessitamos significa, também, darmo-nos o direito, a liberdade e a alegria de libertar, em nosso coração e em nossa vida, o amor pelos nossos pais. Todo filho e toda filha ama o papai e a mamãe profundamente, no coração.

Sob mágoas e reclamações há um profundo e fiel amor que deseja ser expresso livremente em gratidão, reconhecimento e paz. Para isso, é necessário olhar para dentro de si, para as atitudes ou posturas que trazem paz.

A maioria de nossos sofrimentos se manifestam porque desejamos que os nossos pais nos deem – ou nos tivessem dado – algo dessa ou daquela maneira. Sofremos porque exigimos receber, sem tomar. O mesmo acontece nas relações de casal.

Dar é ativo, receber é passivo, e tomar é igualmente ativo.

Tomar não é ter à força. É se conectar para receber ou ajudar o outro a dar, mesmo que ele não tenha para dar, não saiba, não possa ou não queira. Tomar não depende do outro porque não é algo que o outro faça, mas é a postura que nós adotamos interiormente nessa relação que nos permite ter o que precisamos.

Tomar implica, primeiramente, aceitar o outro como ele é e respeitá-lo como ele pode ser. Sem atitude de aceitação não há paz. O que nos impede de tomar são as exigências. Exigir é arrogante, aceitar é humilde.

Tomar pai e mãe significa encher-se do amor deles, primeiramente como é, como eles têm e como podem dar. Isso começa por tomar a vida como ela nos foi dada.

Há pessoas que não receberam afeto, mas não há ninguém que não tenha sido amado. Toda pessoa que vive e respira sobre a Terra está vivo graças ao amor de uma mãe e à contribuição de um pai, que permitiram que ela existisse no aqui e no agora. Esse é um amor "cheio" e essencial, e nós nos conectamos a ele, no coração, por meio da atitude de gratidão por estar vivo e ter a alegria de poder existir. Naturalmente, essa atitude requer postura de respeito e gratidão pela vida, que é exatamente o que falta a muita gente que a toma como fenômeno banal, automático ou obrigatório, sem respeitar-lhe a profundidade e a grandeza.

Todo ser que vive o faz graças a um sacrifício pessoal de uma mãe que aceitou colocar sua existência e corpo em risco por amor. Isso não depende das circunstâncias, se a vida foi desejada ou não, se foi planejada ou não, se a mãe tentou retirar a criança ou não. Isso é do destino da mãe e fala das suas lutas, não do filho ou da filha.

Tomar o amor de mãe ou de pai também implica não tomar para si os sentimentos ou contextos que pertencem a ela ou a ele. É respeitoso quando acolhemos a ambiguidade humana e imperfeita de nossos pais e aceitamos que a vida veio deles, grandiosa. Há mais amor em acolher e aceitar um filho não planejado que em acolher e aceitar aquele que encheu de expectativas; isso requer mais dedicação amorosa dos pais para lidar com o imprevisto. Do mesmo modo, aquele que chega inesperadamente fica mais livre de projeções e expectativas para seguir uma vida mais original, caso tome o amor dos pais com respeito. Porque ele pode passar a vida reclamando que não recebeu afeto ou atenção dos outros, que não foi planejado ou desejado, e pode se queixar de abandono ou rejeição sem ver o amor dos pais, sobretudo o da mãe. Já aquele que abre mão das queixas e olha para os seres comuns e imperfeitos que acolheram a vida com luta e sacrifício pode cultivar a atitude de gratidão que alimenta o coração.

Muitas pessoas sofrem por terem sido afastadas do pai ou da mãe por circunstâncias variadas da vida, tais como morte, trabalho, criação por outros parentes, adoção ou enfermidades... Essa distância produz, em qualquer pessoa, um sentimento de entrega incompleta à mãe e, posteriormente, ao pai, e fica como uma falta interna, uma carência afetiva, uma sensação de não pertencimento ou de falta de lugar no mundo.

Tomar o amor de pai e mãe requer devolver à nossa criança interior a alegria de nos entregarmos a eles, mais inteiramente, no coração. Isso é possível quando nos reconciliamos internamente com eles e as relações podem ser restabelecidas, de preferência com afeto. Mas também pode acontecer de a relação não ser possível ou de eles não estarem disponíveis por terem falecido, estarem distantes ou não serem conhecidos.

Reconciliar-se, no coração, é abrir mão de tudo aquilo que impede o amor de fluir livre de nós para os nossos pais, dentro de nós, vencendo as resistências da criança que queria que eles tivessem feito algo que não fizeram ou dessem o que não deram. Trata-se de uma desistência das exigências para uma liberdade da gratidão.

O que nos faz falta verdadeiramente não é o abraço que o papai não nos deu, ou o carinho que a mamãe não pôde dar. É o abraço de gratidão que é sufocado em nós ou o afeto que negamos ofertar, agora, à nossa mãe ou ao nosso pai o que verdadeiramente nos fere. Liberar o nosso afeto para eles é uma grande autolibertação.

Meu pai sempre foi um homem extremamente carinhoso com os três filhos, apesar de sempre ter trabalhado muito e duramente. Quando éramos crianças, ele sempre brincava de cavalinho conosco, de lutas, esportes. Quando chegamos à adolescência, começamos a reproduzir a relação que ele havia tido com seu pai. Ele foi o segundo filho de vinte e um! Trabalhou duro desde os 7 anos de idade e não teve o afeto na forma de carinhos físicos. Na nossa família paterna, o afeto entre homens adultos era contido, menos farto que aquele disponibilizado às crianças. Então, quando entramos nessa fase, que também é o momento de maior interesse pelo mundo e pelo que está fora de casa, nós nos distanciamos dele, embora ele estivesse sempre ali. Não se tratava dele, e, sim, de nós.

Naquela época, quando íamos abraçá-lo, o que raramente fazíamos espontaneamente, ele se encolhia, como se aquilo fosse uma agressão. Eu me sentia mal, porque me parecia que o afeto era recusado, mas não se tratava disso. Era falta de costume do afeto espontâneo entre homens adultos na família. Então, embora eu me queixasse e sentisse falta, nada fazia. Até que percebi que não se tratava de ficar acusando o pai do abraço que eu não recebia. Ele nos deu infinitamente mais do que recebeu, e tornou a nossa vida muito mais leve. Tratava-se, naquele momento, de tomar o abraço dele, libertando em mim o abraço que vivia sufocado no peito.

Comecei a chegar em casa e ir abraçá-lo. Ele se fechava, com os braços no peito, como um lutador faz, defensivo. Então, eu pegava um braço e o outro e os abria, algo forçadamente, brincando: "É assim que se abraça, pai, com os braços abertos, peito no peito". E me jogava nos seus braços e o beijava na face. Eu ficava roxo de vergonha, ele também. Não tínhamos a espontaneidade para isso. Então, ele me colocava para o lado, com o rosto vermelho e um grande sorriso no rosto, dizendo: "Sai para lá, menino". E eu saía, sorrindo. E ele ficava, sorrindo. Ambos envergonhados e felizes. Fiz isso uma, duas, três, quatro vezes, e na quinta ele me olhou ressabiado, abriu os braços e nos abraçamos, inteiros, entregues. Até hoje é assim.

Não se tratava, pois, de exigir dele mais do que podia dar. Tratava-se de agradecê-lo, pois ele já havia dado muito mais do que havia recebido e, talvez, do que podia, com saúde.

Tomar o amor de pai e mãe requer abrir mão das queixas, das acusações, das lamentações, e olhar para o que está "cheio" neles e em nós. Quando olhamos para eles com dó, piedade ou críticas, focamos o seu vazio e nos esvaziamos também. Encher-se do amor deles requer focar sua força, sua beleza e o que está "cheio" no coração e na vida deles. Requer admiração e reconhecimento. Há sempre muito a louvar e agradecer.

Sair do foco no "vazio" para o foco no que está "cheio" é tarefa de todo dia.

Tomar o amor de pai e mãe é atitude diária. Nós nos enchemos, todo dia, com um pouquinho mais de sua força, como o tronco bebe, cada dia, por meio da raiz, os nutrientes do solo sagrado que o gestou e o sustenta.

De forma mais prática, podemos fazer visualizações criativas por meio de posturas meditativas nas quais visualizemos a nossa criança interior indo para os braços dos pais, tendo sido isso vivido e evocado da memória ou apenas imaginado. Também podemos visualizá-los atrás de nós, e nos recostarmos na sua força e em seu amor. Faço muito esse exercício e é sempre muito gratificante sentir a evocação da força de nossos pais em nós.

Criticar pai e mãe é como dizer que uma metade de nós não presta e que a outra metade, também não; nós nos esvaziamos da força que, diariamente, sustenta nossas células. Nelas há um casamento perfeito do papai e da mamãe. Ali, nunca há divórcio, descumprimento do dever, falta ou ausência.

Já quando os admiramos no que eles têm de "cheio" e no que é possível, e quando desistimos de focar o "vazio", de transformá-los ou de curá-los – que não é tarefa dos filhos –, então podemos fortalecer e ativar a força do real que vibra em nós, sempre suficiente e essencial.

Tomar o amor de pai e mãe não depende deles e nem de nenhuma mudança deles em relação a nós. Depende apenas que desistamos do que nos afasta deles e libertemos a alegria de poder amá-los, livremente, como é possível.

O real é sempre suficiente e cheio de vida.

TOMAR PAI E MÃE SIGNIFICA ENCHER-SE DO AMOR DELES, PRIMEIRAMENTE COMO É, COMO ELES TÊM E COMO PODEM DAR. ISSO COMEÇA POR TOMAR A VIDA COMO ELA NOS FOI DADA.

ASSUMIR A GRANDEZA DE SER PEQUENO E COMUM

11

COMO PODEMOS ENCONTRAR
NOSSO CAMINHO DE VOLTA
DA MÃE GLORIFICADA E DO PAI
GLORIFICADO PARA NOSSA
REAL MÃE HUMANA E NOSSO
REAL PAI HUMANO?
SENDO E PERMANECENDO
SOMENTE A CRIANÇA DELES.

»BERT HELLINGER

QUANTO MENORES SOMOS DIANTE DOS pais, maiores somos diante da vida. É uma relação direta. Da mesma forma, a vida nos trata como tratamos nossa mãe.

Aquele que se arroga o direito de sentir-se superior aos pais, coloca-se fora de seu lugar e enfrenta uma permanente sensação de inadequação ou de infelicidade.

Encontramos a paz mais completa quando conhecemos o nosso real lugar na família.

A lei natural da ordem é clara: quem veio antes, veio antes; quem veio depois, veio depois. Quem veio antes dá, quem veio depois, recebe; quem veio antes é grande, quem veio depois é pequeno. E ponto.

O ponto é a parte mais importante desse enunciado. Após ele, não há vírgula, nem três pontinhos nem ponto-e-vírgula. Não há: "Deixa eu te contar a minha história"; "Mas você não sabe como é lá em casa"; "Mas eu não concordo". A lei natural é essa, e ela não se modifica em nenhuma circunstância.

Os pais são grandes, os filhos são pequenos. Ponto.

Isso acontece porque quem veio depois só chega naquele sistema graças ao sacrifício daqueles que vieram antes, especialmente a mãe. Como já afirmei, ela colocou seu corpo e sua vida em risco para que uma nova existência pudesse ter lugar.

No entanto, embora a ordem seja um princípio natural, podemos invertê-la, e fazemos isso com muita frequência. Invertemos por críticas, julgamentos, exigências, dó, por nos metermos na história de casal do pai e da mãe, entre outros motivos. Também pode acontecer de o filho não ter nenhuma chance de não inverter a ordem, porque já nasce quando a ordem está invertida, quando os pais o colocam em um lugar de importância que não ele tem. Isso acontece, na maioria das vezes, por existir um conflito dos pais com seus próprios pais. Os filhos, então, seguem os pais na inversão da ordem.

Independentemente da origem da inversão de ordem, o efeito dela é sempre o mesmo: a desconexão com a força e com o fluxo do amor naquele sistema. Bert Hellinger tem uma imagem muito bonita para isso. Ele diz:

O amor preenche o que a ordem abarca.

O amor é a água, a ordem é o jarro.

A ordem reúne, o amor flui.

Ordem e amor atuam unidos.

Como uma canção obedece às harmonias, o amor obedece à ordem.

E, como é difícil para o ouvido acostumar-se às dissonâncias, mesmo que sejam explicadas, é difícil para a alma acostumar-se ao amor sem ordem.

Alguns tratam essa ordem como se ela fosse uma opinião que eles podem ter ou mudar à vontade. Contudo, ela nos é pré-estabelecida. Ela atua, mesmo que não a entendamos. Não é inventada, mas descoberta. Nós a percebemos, como ao sentido e à alma, por seus efeitos.[5]

Não basta que haja amor no sistema, ou que os filhos amem os pais ou vice-versa; é preciso que esse amor respeite a ordem.

---

5. Bert Hellinger. *O amor do espírito*. Atman.

Se invertermos o jarro, a água se esparramará no chão e não poderá ser servida, nem usufruída. Do mesmo modo, o amor invertido no sistema não serve a nada.

A imagem em que, pessoalmente, julgo mais fácil perceber o efeito da desconexão da força que a inversão de ordem promove é a do rio. Um rio nasce de uma fonte – e, às vezes, rios caudalosos nascem de fontes muito pequeninas – e corre em seu leito até que encontre um desnível, formando uma cascata. O terreno que está abaixo recebe a água do rio fonte, a partir da cachoeira que também produz força, e ali nasce um novo rio, que nada mais é que a continuidade do rio fonte, que permanece superior.

O que aconteceria, então, se esse terreno, no nível inferior, resolvesse fazer um terremoto e posicionar-se acima do rio-fonte? Ele deixaria, imediatamente, de usufruir da força que o nutre e lhe dá a existência. Suas águas, então, mudariam o fluxo e retornariam para o rio fonte ou represariam, ficando estagnadas.

O rio fonte continuaria fonte, mas o rio secundário, novo, secaria ou teria suas águas apodrecidas com o tempo, devido à falta de movimento.

Esse é o efeito da inversão de ordem: ela desconecta o filho da força do fluxo de amor de seu sistema. Tal força é essencial para que ele possa fluir na vida afetiva, de casal, profissional, na relação consigo mesmo e em todas as áreas da vida.

Compete, pois, ao filho, olhar para tudo aquilo que o coloca fora do seu lugar de pequeno e retornar a ele o mais rápido possível, caso não deseje sentir ou continuar sentindo os efeitos da desconexão, e, sobretudo, caso deseje sentir a alegria de fluir com harmonia em conexão com as forças de seu sistema familiar.

Isso significa ressignificar as experiências de vida e olhar para a grandeza dos pais, tomando o seu amor, como dissemos no capítulo anterior, em qualquer fase da vida.

Voltar ao lugar de pequeno requer reconhecer a grandeza dos pais. Esta não é dada exatamente pelo que eles fizeram, embora seja muito mais fácil de perceber quando eles são conhecidos e fizeram atos dignos de nossa gratidão.

A grandeza dos pais não depende de suas personalidades ou de seus destinos. Ela é dada pelo lugar de fonte da vida que eles representam, como canais de acesso às grandezas de todos que vieram antes deles e que, por meio deles, chegaram até nós.

Os filhos não amam apenas os pais. Amam igualmente todos aqueles que os antecederam. E, às vezes, a fonte original da inversão de ordem com os pais, hoje, é exatamente a exclusão de alguém que veio antes, como um avô, uma avó ou outro antepassado, que pagou um alto preço por aquela família e é esquecido ou excluído, com desrespeito.

Em uma família, todos se vinculam por laços de amor e interdependência. Cada existência só é possível graças a muitas outras que vieram antes, desde as gerações passadas, e que fizeram o necessário para que a vida seguisse adiante, para cada pessoa, a seu modo, com sua história, suas escolhas, dificuldades, deficiências e virtudes. Pessoas imperfeitas e comuns, mas suficientes.

E, assim, o trem do amor seguiu no trilho da renúncia, da dedicação, de sacrifícios e esforços de cada um. Todos igualmente dignos e merecedores de um lugar de respeito e gratidão no coração daqueles que vieram depois.

Quando assim é, o descendente pode se conectar honradamente à força de seu sistema para fazer agora aquilo que lhe compete, pela vida e por aqueles que virão depois, com alegria. Assim, pode levar a todos mais longe e com mais leveza.

Reconhecer-se pequeno é também aceitar-se comum, como todos aqueles que vieram antes. Ser comum é uma das maiores grandezas da vida. É esse reconhecimento que sustenta a humildade, que é húmus, terra fértil, onde tudo cresce.

Ser comum é ser igual ao outro: humano, imperfeito, cheio de conquistas e de desafios.

Quando o filho aceita que os pais e aqueles que o antecederam não são pessoas especiais, no sentido de serem melhores ou mais perfeitas que as outras, e são apenas pessoas comuns e imperfeitas, vive a alegria de também poder ser apenas alguém comum, pequeno e em permanente crescimento e evolução, como tudo que é imperfeito. Assim, pode viver com mais leveza.

"Só o que é imperfeito evolui", afirma Bert Hellinger.

Os filhos seguem os pais nos movimentos da alma.

Quem está insatisfeito com sua relação com os filhos ou com a postura deles deve também olhar para a sua própria postura diante de seus pais.

A relação de cada pessoa com seus filhos é consequência direta da sua relação com os pais, como é fácil de deduzir. Uma boa imagem para isso é a daquelas gangorras de parque infantil, chamadas de "zanga burrinho", nas quais uma criança senta de um lado e outra, de outro, e ficam subindo e descendo, impulsionando o movimento com os pés.

Imagine que sejamos a gangorra. Sentados de um lado, nossos pais; do outro, nossos filhos. O movimento da gangorra (que somos nós) mostra que a relação com nossos pais é a inversa daquela que temos com nossos filhos, ou seja, quando estamos grandes em uma estamos pequenos em outra.

Quem se sente superior aos pais fica pequeno diante dos filhos, e estes se tornam autoridades dentro de casa. Já quem se coloca como pequeno diante dos pais, fica grande diante dos filhos e mantém seu lugar de autoridade.

Os filhos tentam trazer de volta aos pais aquilo que lhes falta. Então, quando um pai exclui o próprio pai, os filhos costumam afeiçoar-se muito ao avô, como tentativa inconsciente de devolver ao pai o que lhe falta no coração. Mas isso custa ao filho o seu próprio destino.

Então, como resolver o problema de filhos que mandam dentro de casa, que são autoridades ou que querem cuidar dos pais como se fossem pais deles? Olhando para a nossa relação com nossos pais e as inversões de ordem que possam aí haver.

Quando voltamos ao lugar de pequenos em relação aos pais, sem críticas, sem exigências, sem dó e com gratidão, voltamos ao lugar de grandes em relação aos filhos, naturalmente. E, assim, estes podem nos respeitar como pais imperfeitos e suficientes, assim como nós o fazemos em relação aos nossos próprios pais.

Desse modo, o fluxo da vida segue livre para destinos mais amplos e mais leves, cada vez mais.

RECONHECER-SE PEQUENO É TAMBÉM ACEITAR-SE COMUM, COMO TODOS AQUELES QUE VIERAM ANTES. SER COMUM É UMA DAS MAIORES GRANDEZAS DA VIDA. É ESSE RECONHECIMENTO QUE SUSTENTA A HUMILDADE, QUE É HÚMUS, TERRA FÉRTIL, ONDE TUDO CRESCE.

PODER REAL × IMPORTÂNCIA PESSOAL

12

A DIGNIDADE PESSOAL
E A HONRA NÃO PODEM SER
PROTEGIDAS POR OUTROS,
DEVEM SER ZELADAS PELO
INDIVÍDUO EM PARTICULAR.

» MAHATMA GANDHI

O PODER PESSOAL É INVERSAMENTE PRO-
porcional à importância pessoal.

Quanto mais importância, menos poder. Quanto mais poder, menos importância.

Só há uma única e verdadeira importância: a de sermos filhos de nossos pais e pais de nossos filhos, na continuidade da vida.

Em todas as áreas de nossa vida, podemos ser substituídos, menos naquela em que somos filhos. A misturinha que está em nós é única; ela não é a mesma nem em nossos irmãos. Nem mesmo os gêmeos idênticos a compartilham, porque ela não é só a biologia que recebemos da união de papai e mamãe, mas é tudo o que ela representa e cada momento particular de vida que ela significa e que está marcado em nossa ordem no sistema familiar.

O desejo de ser importante vem de uma desconexão com a verdadeira grandeza pessoal e da necessidade de encontrar um lugar na vida.

Aquilo que os filhos recebem dos pais é tão grande que faz com que sintam uma imensa pressão para compensá-los. No entanto, a vida é incompensável. Essa relação é permanentemente desequilibrada. E esse desequilíbrio tem um propósito muito útil.

Muitos filhos tentam compensar os pais cuidando deles com amor desvelado, como se a gratidão fosse transformá-los, por sua vez, em seus filhos. Quando assim o fazem, os filhos invertem a ordem, com muitos efeitos negativos.

Ainda que um filho cuide dos pais a vida toda, não chegará nem perto de dar a eles o que receberam. Então, essa forma de gratidão é ineficaz.

Cuidar dos pais quando eles o necessitam não é gratidão, é dever filial. Gratidão é a postura que se tem perante essa situação, é a maneira como executamos esse cuidado. No entanto, como já vimos, o filho grato faz valer tudo aquilo que os pais fizeram por ele.

A maneira mais eficaz de agradecer aos pais pelo que eles deram é passando adiante o que foi recebido. São os filhos, aos quais foi dada a vida, ou as obras de amor realizadas na existência que recebem o fruto da gratidão dos filhos pelos pais.

O desequilíbrio na relação com os pais, portanto, é compensado, passando adiante o que se recebeu. Esse desequilíbrio move a vida. As águas do rio que já correram não voltam a irrigar o terreno por onde passaram. Elas seguem em frente, enchendo de vida novos campos. O fruto que se desprende da árvore não a nutre mais; antes, serve a ela, caindo no seu próprio espaço e aí germinando, sendo tão produtivo quanto lhe seja possível no desenvolvimento do que recebeu da árvore mãe.

Devemos passar adiante, pois trata-se de um movimento de vida.

Quando os filhos querem cuidar dos pais como se fossem grandes, arrogam a si mesmos uma falsa importância que faz com que percam o poder real de realização na vida. É muito comum vê-los querendo salvar os pais, mudar o seu destino ou suas personalidades, e queixar-se de que a vida não flui, por sua vez, nas áreas afetiva, profissional ou pessoal. Essa postura dos filhos pode vir deles mesmos ou ser estimulada ou sustentada pelos pais.

"Há que se ter muito cuidado com as minhocas", dizia Wilma Oliveira, facilitadora do treinamento em constelação familiar do IDESV. "Os pais balançam minhocas suculentas para nós. E o que acontece com o peixe que morde a minhoca? Morre. Essa minhoca chama-se importância".

"Só você pode fazer isso meu filho"; "Você é a única pessoa que consegue"; "Se você não fizer, ninguém mais o fará": essas são algumas entre tantas frases que podem ser interpretadas como "minhoca".

"Mas o maior problema não é a minhoca que os nossos pais balançam, mas aquela que nós mesmos balançamos para nós", completava Wilma. Nós somos aqueles que mais nos atribuímos falsas importâncias no desejo de salvar, de mudar a realidade, de curar ou de educar nossos pais.

Quando mordemos a minhoca da importância, algo verdadeiramente importante morre dentro de nós: nosso poder pessoal.

Afinal de contas, que idade tinham os nossos pais quando nascemos? E como eles sobreviveram tanto tempo sem a gente?

A importância que atribuímos a nós mesmos vem da arrogância, de nos sentirmos melhores que nossos pais e aptos a lhes dizer o que devem fazer ou o que é melhor para eles. E se eles se colocam como pequenos diante de nós, ou se nos têm em elevada conta, sem mensurar a sua própria grandeza, então alimentam a postura de falsa importância e a inversão de ordem.

O mais curioso é que quem se coloca nesse lugar de referência e superioridade arrogante geralmente julga os pais e os critica pelo que não fazem ou não fizeram. Mas criticam sem analisar a própria vida.

Frequentemente, em trabalhos terapêuticos, pergunto a alguém que assim se comporta: "Mas o que a sua mãe ou o seu pai estavam fazendo na sua idade?". E a resposta invariavelmente é: "Algo bem maior do que eu faço hoje".

Então, as falsas grandeza e importância não reconhecem a realidade como ela é e não olham para a força humana, comum e imperfeita dos pais. Olham apenas para o amor, que quer compensar o que recebeu, sem ver o amor e a grandeza deles. Chamamos isso de "amor cego", pois é um movimento de morte, que move aquele que o vive para o "menos".

Encontrar o próprio lugar na vida não implica fazer os outros voltarem aos seus lugares. Implica apenas reconhecer qual é o seu e ali permanecer, mesmo que os outros não saibam ou não aceitem o deles. Isso requer um jogo de cintura permanente, para não querer sair nem ser retirado de seu lugar de filho, de irmão, de pequeno...

Aqueles que porventura não conheceram os pais, porque eles se foram ou porque deles foram afastados, necessitam olhar para o amor vibrante e oculto que vive no mais profundo de si mesmo.

O poder pessoal é a capacidade de realização na vida a partir da força de nosso lugar real no sistema familiar. Ele é decorrente da conexão com as forças de pai e mãe, as duas metades que nos compõem no amor que está eternizado em nossas células, em cada mínima parte de nós mesmos, independentemente de qual tenha sido o destino deles como pessoas e como casal.

Despertamos o nosso poder pessoal à medida que sentimos a paz de pertencer à nossa família e de permanecer no nosso lugar.

O poder real vem do afeto, e este, quando legítimo, está conectado ao respeito e à gratidão. Não existe afeto sem respeito. Como afirma Jung, "onde o amor impera, não há desejo de poder; e onde o poder predomina, há falta de amor. Um é a sombra do outro". Isso quer dizer que, se o poder entra pela porta da frente, o afeto sai pela porta do fundo.

Podemos também inferir o seguinte: quando a importância se impõe, o poder real desaparece; um é a sombra do outro.

Quem está verdadeiramente conectado ao seu poder real olha para a frente, para a vida, confiante de que os pais são grandes e que sabem o que é melhor para si.

E quando os pais adoecem gravemente, sofrem de demência ou vivem incapacidades, necessitando do cuidado direto dos filhos? Nesses casos, eles também permanecem grandes e devem ser tratados dessa forma.

Há um lindo vídeo[6] na internet que mostra como uma filha, Ana Heloísa Ferraz Caldas Arnon, cuidou com intenso amor de sua mãe, Ana Izabel, com Alzheimer avançado,

---

6. "Filha cuida da mãe com Alzheimer... Emocionante é pouco!". *DDC*, 27 jun. 2014. Disponível em: <https://www.youtube.com/watch?v=i7HtMQefCCE>. Acesso em: 6 jun. 2024.

sem sair do seu lugar de pequena. Fez o que foi necessário e manteve a postura de filha, reconhecida e grata, cumprindo o seu dever com enorme afeto e gratidão.

Não é o que se faz, é com qual postura se faz.

Quando os filhos permanecem conectados ao seu lugar, fazem o que necessitam, e em paz. Quando estão fora do lugar, vivem grande perturbação interior.

Vou dar um exemplo. Imagine que meu pai seja descuidado com a saúde e isso me incomode grandemente. Posso olhar para ele e dizer: "Pai, você parece criança, está aí doente, obeso, não vai ao médico e, quando vai, não toma os remédios prescritos... Vai acabar tendo um infarto ou um derrame, e vai ficar preso em uma cama! E ainda vai dar trabalho para nós".

Quem pode falar com ele desse jeito? Somente os pais dele, meus avós, aqueles que lhe deram a vida e que, portanto, podem cobrar. Ou, no máximo, a minha mãe, que está no mesmo nível dele. Quando falo assim, saio do meu lugar de filho e tomo o lugar do meu avô ou da minha mãe. Não só não consigo atingir meu objetivo como ainda me coloco em estado de raiva ou perturbação, sem nada mudar.

Agora, vou dizer a mesma coisa, mas como filho. Filho não manda, não decide (a não ser que os pais peçam ou estejam incapacitados), não critica, não exige. Filho é respeitoso e grato. Então, olho para o meu pai e digo: "Sabe, pai, quando olho para o senhor, fico pensando em como seria bom se o senhor cuidasse da sua saúde e se nós tivéssemos a alegria de tê-lo por aqui por mais tempo conosco, e com mais qualidade de vida. Afinal de contas, o senhor é muito importante para nós. Isso, para todos, seria mais um grande presente, dentre tantos que o senhor já nos deu".

Nas duas situações, a fala é a mesma, só o tom e a forma mudam. Na segunda fala, está implícito um respeito profundo àquilo que o pai decide e ao que nele atua. Seria uma bênção que ele decidisse ficar vivo, mas só ele pode decidir isso.

Qual das duas falas sensibiliza mais o pai, caso ele esteja em seu lugar de grande? A segunda, é claro.

Na primeira fala há importância pessoal. Quem dá sermão, sente-se superior e importante.

Na segunda fala há poder pessoal, de afeto e de respeito à ordem. E esse poder é capaz de mover montanhas.

O PODER PESSOAL É INVERSAMENTE PROPORCIONAL À IMPORTÂNCIA PESSOAL.

QUANTO MAIS IMPORTÂNCIA, MENOS PODER. QUANTO MAIS PODER, MENOS IMPORTÂNCIA.

RESPEITO À ORDEM: OS CINCO CÍRCULOS DO AMOR

13

QUERIDO PAPAI, QUERIDA MAMÃE, EU TOMO A VIDA QUE VOCÊS ME DERAM. E A TOMO AO PREÇO QUE LHES CUSTOU.

»BERT HELLINGER

BERT HELLINGER DESCREVEU O QUE CHAmou de "círculos do amor".[7] Trata-se da sequência natural do amor que experienciamos e que devemos respeitar a fim de viver uma vida inteira e plena.

O primeiro amor que tomamos é o amor dos nossos pais como casal. Tudo começa em um casal. Graças àquela união especial, a vida pôde se fazer. Não importa se foi a aventura de uma noite ou a solidez de uma relação madura e longa. Graças àquela relação, a vida foi possível. Portanto, tomar a força da vida em nós começa em respeitar e em tomar o amor de nossos pais que vive em nós.

Em cada filho essa união é permanente, essa relação não termina nem se desfaz, o casamento é eterno.

O segundo círculo do amor é o do amor de nossos pais como pais. A vida se fez depois que eles se fizeram casal. E, então, eles nos aceitaram como seus filhos, nos reconheceram e nos deram seu nome. Eles nos receberam e se fizeram pais, e nós nos fizemos filhos. Primeiro, com um amor todo especial pela mamãe, de cujo sacrifício nos nutrimos. Depois, com amor pelo papai, no qual nos abrigamos, quando foi possível e quando ele esteve disponível. Durante a nossa infância e a nossa adolescência, eles nos cuidaram, conduzindo-nos à vida adulta.

O terceiro círculo do amor corresponde à nossa relação de equilíbrio com o mundo (em dar, receber e tomar), especialmente na relação de casal, por meio da qual passamos adiante aquilo que foi recebido.

---

7. Bert Hellinger. *Um lugar para os excluídos*. Atman.

O quarto círculo de amor é o estar de acordo com todos os seres humanos como são, especialmente aqueles que fazem parte de nossa família. Isso requer a inclusão dos excluídos e um olhar com especial carinho para aqueles que são desconsiderados, rejeitados ou desrespeitados em nosso sistema.

O quinto círculo do amor é o da concordância com o mundo como ele é, que ultrapassa o nível pessoal dos amores e atinge um nível espiritual.

Os diversos níveis, portanto, falam de um movimento sequenciado que nos leva da mãe ao mundo, da semente à frutificação, por meio da união do papai e da mamãe em nós, em harmoniosa sintonia com a vida como ela é.

Quando o filho que somos se compenetra e se reveste desse nível de respeito, a vida flui com abundância. Aquele amor de casal, que em nós prossegue, é honrado e segue produzindo movimento em tudo o que for feito por nós e a partir de nós.

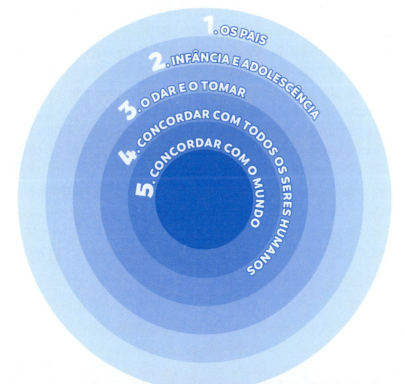

O mesmo acontece com os nossos filhos. O casal que formamos é mais importante que os filhos que temos, pois veio antes. Os filhos são a continuidade desse amor e estão destinados a seguir a própria vida e o próprio destino. O casal prosseguirá unido, se tudo seguir bem.

Quando os filhos se tornam a prioridade ou a razão de existir dos pais, o relacionamento é perdido de vista e o casal vive a crise do distanciamento erótico e da intimidade a dois. Deixam de ser amantes para serem amigos ou parceiros somente, e o amor se torna frio. O olhar, então, frequentemente se volta para fora do relacionamento e isso abre portas para circunstâncias dolorosas, como relações extraconjugais ou separações.

É muito comum que as mulheres sintam os filhos como sendo somente delas e passem a dar atenção exclusiva a eles, esquecendo-se de si mesmas e do marido. Este, se for machista, reforçará esse estereótipo, legando exclusivamente à mulher o cuidado com os filhos e a obrigação de fazê-lo, distanciando-se também, por sua vez. O resultado disso é a perda da força do casal, o que favorece a inversão de ordem dos filhos – o que lhes custará um preço muito alto na vida.

Quando os cônjuges se olham com respeito e dão a devida importância aos filhos, sem perder o outro de vista, as crianças crescem seguras; e quando os filhos seguem adiante em suas vidas, o casal prossegue forte e com propósito, em nova fase de amor.

Cada fase do casal traz uma nova maturidade para a vida.

Os primeiros anos são de conquista, construção e trabalho intenso. Nessa fase, a criação dos filhos e o cuidado que isso envolve ocupam grande parte do tempo. Quando os filhos saem de casa, entretanto, para a sua própria vida, o casal vive a fase de amor maduro.

O terapeuta espanhol Joan Garriga comenta:

O amor na maturidade se encaixa com a descida da montanha e, quando a subimos com sentido, a descida representa mais liberdade, tranquilidade, leveza, desapego e entrega ao presente. Os grandes planos já foram traçados, as grandes conquistas já foram realizadas, os filhos, se os houve, já foram criados e são grandes, e agora podemos ser de novo um pouco crianças e viver de novo o que há e o que cada dia nos traz "com um novo coração trêmulo", como diria Neruda.

No entanto, as adversidades naturais da vida limaram as arestas de nossas paixões e de nosso caráter, as desditas nos sensibilizaram para uma luz que a prosperidade estrita nos mantinha velada, e começamos a entender a linguagem do ser e não somente do ter; o sabor do mistério, e não só o da própria vontade; o gozo do incerto, e não só seu temor.

Surge, então, uma perspectiva madura, sábia, ondulada do amor...

Essa fase é alcançada por aqueles que mantêm um e outro sob as vistas e o cuidado contínuo na relação a dois. Se os pais ensinam os filhos a perceberem esse amor comum e imperfeito com admiração, dão a eles um grande presente.

O respeito à ordem é fundamental para a vida. Quem não respeita os pais como um casal – metendo-se na relação deles de forma direta (ativa) ou indireta (passiva ou apenas dentro do coração) –, costuma viver um bloqueio no fluir do terceiro círculo do amor, na relação de troca com o mundo e, particularmente, na de casal.

Quanto mais o filho julga a relação de casal dos pais e se mete a opinar sobre ela, mais se desconecta da força do amor que há em si mesmo. Porque quem olha para a relação imperfeita do homem e da mulher comuns que são os pais não reconhece o amor que ali atua e se dissocia do amor que o compõe.

A relação dos pais pertence somente a eles. Ao filho, não cabe ser confidente, parceiro, defensor de um deles, advogado, juiz ou médico da relação. Entre homem e mulher, no palco do amor, há muitos personagens e muitos dramas.

Para o filho, importa somente que ele veio daquele amor, e isso é suficiente. O resto é história e teatro humano das fantasias e idealizações do amor.

É muito comum, na atualidade, que as mulheres direcionem às suas mães um olhar muito crítico, pois as consideram submissas aos seus maridos – seus pais –; elas desejam fazer melhor. Muitas delas são estimuladas pelas mães, que dizem a elas que nunca deverão depender de homem, que devem estudar e ser autônomas.

O resultado mais comum disso é que a vida afetiva das filhas não flui, porque elas passam a ter uma enorme dificuldade de respeitar um homem. Para respeitá-lo, é preciso respeitar o pai. A mulher que não respeita o pai, não respeita o marido.

Do mesmo modo, é necessário respeitar a si mesma como mulher, o que significa respeitar primeiramente a mãe, fonte do feminino sagrado. A mulher que não respeita a mãe, não se respeita.

Respeitar, aqui, significa não se pôr a interpretar a relação dos pais. Ao fazer isso, frequentemente ficamos com a pior parte da experiência. Em uma imagem simples, é como se banhássemos um bebê e, após o banho, descartássemos o bebê em vez da água suja. Jogamos fora o essencial e ficamos com o que não importa.

Respeito, nessa situação, significa nem aprovar nem reprovar. Significa não se dar o direito de julgar, o que às vezes é muito difícil, convenhamos. Respeito tampouco significa repetir as histórias.

As filhas têm direito a um destino mais leve. São de outra geração, vivem outro período histórico e a relação masculino-feminino hoje segue outros parâmetros e outras possibilidades.

A maneira mais eficaz de fazer diferente e ir mais longe, sem repetir destinos, é ver com bons olhos a relação dos pais, olhando para o amor deles como esse amor foi ou como é possível vivê-lo. Assim, pode-se beber da força e da grandeza das mães, conectando-se aos recursos que elas desenvolveram e usaram, na maioria das vezes com sucesso, para sobreviver e nutrir as relações e as famílias.

A mulher que se conecta com a mãe flui na força dela e pode se apropriar do direito de fazer do seu jeito, com mais leveza, e não melhor. Melhor é comparação; mais leve significa sem o peso do que impede um destino mais amplo.

Graças ao sacrifício da mãe, e, antes dela, ao da avó, da bisavó e de inúmeras gerações de mulheres que deram tantos testemunhos, agora é possível que a descendente seja mais leve e mais inteira.

OS "CÍRCULOS DO AMOR" SÃO A SEQUÊNCIA NATURAL DO AMOR QUE EXPERIENCIAMOS E QUE DEVEMOS RESPEITAR A FIM DE VIVER UMA VIDA INTEIRA E PLENA.

O PRIMEIRO AMOR QUE TOMAMOS É O AMOR DOS NOSSOS PAIS COMO CASAL.

O SEGUNDO CÍRCULO DO AMOR É O DO AMOR DE NOSSOS PAIS COMO PAIS.

O TERCEIRO CÍRCULO DO AMOR CORRESPONDE À NOSSA RELAÇÃO DE EQUILÍBRIO COM O MUNDO (EM DAR, RECEBER E TOMAR).

O QUARTO CÍRCULO DE AMOR É O ESTAR DE ACORDO COM TODOS OS SERES HUMANOS COMO SÃO.

O QUINTO CÍRCULO DO AMOR É O DA CONCORDÂNCIA COM O MUNDO COMO ELE É, QUE ULTRAPASSA O NÍVEL PESSOAL DOS AMORES E ATINGE UM NÍVEL ESPIRITUAL.

ACOLHER E CUIDAR DA CRIANÇA INTERIOR

A CRIANÇA QUE FUI CHORA NA ESTRADA.
DEIXEI-A ALI QUANDO VIM SER QUEM SOU;
MAS HOJE, VENDO QUE O QUE SOU É NADA,
QUERO IR BUSCAR QUEM FUI ONDE FICOU...

» FERNANDO PESSOA

INDEPENDENTEMENTE DE IDADE, TODOS trazemos dentro de nós uma criança ferida. Em alguns casos, trata-se de lesões decorrentes da falta; em outros, do excesso.

De toda forma, há uma voz interior que reclama, critica, exige, sente falta, acusa abandono, nutre necessidades. Algumas dessas queixas são reais, outras são imaginárias. Faltosa, a criança ferida lamenta e sente a dor por não ter tido o que desejava.

Os alvos principais dessas lamentações são o papai e a mamãe, amores primários e fundamentais. Deles, veio a vida, e a eles o filho se vincula de forma especial, como já abordamos. A primeira experiência de amor da vida é a do amor da mãe pelo filho e o do filho pela mãe. Dela vem tudo que é essencial.

Os bebês e as crianças vivem um tipo de amor que os gregos chamam de *porneia*, o amor de consumo. Amam e consomem o que é amado. Isso porque só enxergam a si mesmos e às suas necessidades, o que é muito natural para um pequeno que só sobrevive graças ao sacrifício da mãe. Ele bebe o leite da mãe e se aquece no seu calor, dorme em seus braços e se alimenta de seu carinho e de seus cuidados. Incapaz de enxergar a mamãe como um ser distinto dele, o bebê e a criança pequena exigem dela o máximo, demandando tudo que desejam. Tudo certo para os pequenos.

No entanto, essa criança cresce e, ao fazê-lo, vive o clima de relações humanas, imperfeitas e comuns, por meio das quais registra tanto o que é ofertado quanto o que lhe falta. Sua vida é marcada por tudo o que precisava e que porventura não obteve: o carinho dos pais, a proteção, o incentivo, o estímulo, os cuidados variados. Essa marca permanecerá produzindo efeitos naturalmente até que o filho a ressignifique.

Ao fazer 18 anos, no Brasil, o jovem passa da adolescência para a vida adulta e se torna plenamente capaz de decidir o que deseja e de se responsabilizar por suas escolhas. Conforme o entendimento da lei, ele já tem maturidade neurológica e psicológica suficiente para saber diferenciar o certo do errado, o justo do injusto e o adequado do inadequado para viver uma vida social harmônica. A partir de então, é legalmente senhor de si mesmo, ainda que continue sob os cuidados paterno e materno.

Há também a maioridade emocional, mas ela não acontece aos 18 anos de idade. Ela se dá em qualquer etapa da vida, anterior ou posterior a essa idade cronológica, quando o adulto assume a sua história e a acolhe como é ou como pôde ser, responsabilizando-se por si mesmo, sem exigências.

Na vida adulta, somos nós os responsáveis por nossa criança interior.

O adulto que permanece acusador e queixoso sobre a sua história e os personagens dela não assume o poder do momento presente. Permanece eternizando o passado de faltas e carências, sustentando as feridas de ontem no hoje. Lamenta o abandono e a ausência que o fizeram sofrer, mas os repete, dessa vez por vontade própria, ao não acolher a si mesmo e se autoabandonar.

Independentemente do que nos faltou na infância ou na juventude, na vida adulta somos nós os responsáveis por dar à nossa criança interior o que ela necessita. Se faltou cuidado, cuidamos dela; se faltou atenção, a valorizamos; se faltou estímulo, a promovemos; se os mimos foram excessivos, nós a ensinamos a lutar... Assim, hoje, ao aceitar a vida e o compromisso de autoamor, preenchemos as faltas e ficamos livres e inteiros para olhar com mais compaixão para as pessoas comuns e imperfeitas que trilharam o nosso caminho – especialmente nossos pais – e para a pessoa que somos, com amor. Assim, a vida pode fluir para o "mais".

Ao decidir fazer isso, ficamos livres para uma vida mais leve e mais plena.

O que a sua criança interior necessita?

O que ela tem a lhe ofertar?

O que você pode fazer por ela e com ela hoje?

Nossos pais fizeram o que lhes foi possível, e a maioria deles fez o seu melhor. Não cabem mais críticas ou exigências. Só eles sabem o quanto lhes custou caminhar em seus próprios sapatos, o quanto estavam livres, sadios, conscientes ou disponíveis para nos dar aquilo que desejávamos. Eles também são filhos que trazem marcas em si mesmos, de suas faltas e daquilo que não puderam complementar em seu coração.

O filho que exige termina por considerar-se muito especial ao achar que aqueles que não receberam deveriam dar de qualquer maneira, exatamente porque não tiveram. Certamente, eles fazem o seu melhor, porém, não se pode pedir a quem não aprendeu matemática básica que dê aula de álgebra.

"Cada um sabe a dor e a delícia de ser o que é", diz Caetano Veloso. Só cada pessoa conhece o preço da sua vida.

Nossas crianças interiores não sofrem pela falta do que não tiveram. Sofrem pela falta do que não se dão hoje, e por continuarem, assim, sem receber. Não é mais o abraço do papai que falta; o que verdadeiramente me deixa vazio é o abraço que eu não dou nele, e que fica sufocado em minhas críticas. Não é mais a falta de reconhecimento da mamãe que me infelicita, mas, sim, a falta do reconhecimento da grandeza do que ela deu e de seu sacrifício, falta que fica presa em mim e que me angustia.

O adulto é capaz de ressignificar qualquer experiência com ajuda e dedicação.

Decidir dar à sua criança, pois, o cuidado de que ela necessita é uma atitude de maturidade e libertação.

Muitas pessoas reconhecem a voz de sua criança interior, mas fazem coro às suas acusações, deixando-a no comando. Será que alguém colocaria seu filho de 5 anos no volante do carro e se sentaria calmamente no banco do passageiro para fazer uma viagem? Isso seria prudente? Não, seria uma calamidade, facilmente identificável. Pois o mesmo acontece quando deixamos que a criança queixosa que existe em nós fique no comando da interação afetiva com a vida, no volante do carro da existência.

Quando a criança interior comanda as relações, o vazio do que faltou na relação com os pais é projetado na relação de casal, alterando a dinâmica das trocas e desequilibrando o dar e o receber. A relação com o outro, então, torna-se parental e se verticaliza, deixando de ser uma relação entre iguais para se converter em uma relação de pai e filha ou de mãe e filho. Em uma relação dessa natureza, o amor erótico desaparece, afinal de contas, entre pais e filhos não há desejo, senão o desejo inconsciente da criança na fase de desenvolvimento infantil.

Quando a criança faltosa orienta o discurso, a lamentação ganha espaço em qualquer relação, sobretudo na profissional. As queixas contra os pais passam a ser projetadas em outras figuras parentais, como o chefe, o coordenador, os amigos, os colegas admirados, entre outros, o que faz com que as relações se convertam em um campo minado.

Que exista uma criança ferida em nós é natural. Que ela fique no comando é imprevidência. O que quer que lhe tenha faltado pode ser compensado agora. Porém, essa compensação não vem do outro nem daquele a quem se acusa, mas, sim, de si mesmo por meio do autoamor.

No entanto, essa natureza de amor-próprio só é ativada quando nos comprometemos conosco e libertamos aqueles que fizeram parte de nossa história das acusações e das exigências infantis. Isso pode ser feito por meio da gratidão, que enxerga o que está "cheio", como descrevemos no capítulo 10, "Tomar o amor de pai e mãe".

A mentalização ou visualização criativa é uma técnica eficaz para exercitar o olhar e o cuidado com a nossa criança interior. Ao chegar a um estado de relaxamento, meditação ou calma interior, imagine a criança, com a idade que lhe vier. Olhe para ela, veja as suas características. Sua versão adulta pode lhe estender os braços com amor e acolhê-la generosamente no colo, sem nenhuma recriminação ou julgamento, sem lamentação, apenas com ternura, acolhimento e desejo de amparar essa sua versão infantil, assegurando-lhe o seu comprometimento com ela e a sua presença.

Outro exercício útil de autoacolhimento é escrever uma carta para a criança interior, fazendo uma lista das necessidades dela e contando as providências que estamos tomando, nós mesmos, para resolvê-las. A carta deve ser carinhosa, na qual exercitemos o autoamor e não a lamentação, pois esta não produz nenhum movimento. Quem lamenta não quer solucionar, quer só queixar-se. Excetuando-se os espaços terapêuticos nos quais desabafamos e uma outra relação que nos sirva de suporte, ninguém mais precisa ouvir as nossas reclamações. Nem mesmo nós. Portanto, a carta que ajuda é aquela cheia do compromisso de ternura com nós mesmos.

O autoamor é a construção de afeto com a nossa realidade, de compromisso com nossas necessidades reais. Ele nasce da decisão de nos acolhermos e nos dar aquilo que precisamos, com generosidade, e de completar em nosso coração, tanto quanto seja possível, os buracos e vazios, ou suportá-los sem crueldade em relação a nós mesmos. Sempre haverá uma falta, porque somos seres de desejo e estamos permanentemente em busca do horizonte idealizado e inalcançável. Aprender a acolher a nossa humanidade imperfeita é tarefa de amor-próprio que ninguém poderá fazer por nós.

Não importa a idade; sempre é tempo de curar a criança que vive em nós e libertar a sua espontaneidade, a sua alegria e o seu afeto.

Minha mãe é um belo exemplo disso e nos deu uma linda demonstração.

A vida deu à minha mãe três filhos homens, mas ela sempre desejou ter uma filha, sempre sentiu falta de uma menina. O tempo passou, com ela pensando sobre essa falta, e sentindo essa falta. Então, a vida lhe deu a primeira neta, e ela teve a alegria de ter uma menina para cuidar. No entanto, aquele sentimento crônico de falta não diminuiu em nada. Assim, ela se pôs a pensar e a fazer um contato mais profundo com a sensação, até que uma lembrança importante aflorou. Ela se lembrou de que teve uma infância muito pobre, e que sua mãe ficou viúva quando ela tinha apenas 2 anos de idade. Seu pai – meu avô – morreu de choque anafilático durante uma cirurgia. Ela cresceu vendo a mãe, ajudada por um tio, lutar com muita dignidade e dificuldade para criar os seis filhos. E, como terceira filha, sempre desejou ter uma boneca chamada "Mãezinha", que ninava um bebê, mas nunca pôde. Sua mãe lhe deu uma boneca de pano de que ela gostava muito e com a qual brincou a vida toda. O desejo de ter a outra boneca era um reflexo do empoderamento de uma infância que desejava ser igual à das outras meninas, e de ter o que precisava e não passar por dificuldades.

Ao se dar conta disso, ela comentou conosco, em família. Meu pai, que a ama muito – estão casados há quarenta e seis anos –, logo tratou de comprar uma boneca enorme. Mas não era a Mãezinha, pois ela não chegou a comentar o nome da boneca conosco. Minha mãe se alegrou com o gesto amoroso dele, mas não ficou intimamente satisfeita e, depois de um tempo, falou sobre isso e doou a boneca.

No entanto, ao dividir o seu sentimento com uma vizinha, psicóloga, muito sua amiga, ela confidenciou que tinha o mesmo sentimento. Juntas se puseram a vasculhar a internet até que encontraram as bonecas que sonhavam e de que tanto sentiam falta.

No dia em que as bonecas chegaram, minha mãe subiu a rua correndo, como uma pequena criança, e chegou esbaforida na casa da amiga. Nem parecia que tinha 68 anos, de tanta energia e contentamento. Juntas, celebraram aquele feito. Minha mãe foi para casa toda feliz e se pôs a fazer roupas de boneca na sua máquina de costura e a mostrá-las para todos nós. Ficou realizada.

Então, ela decidiu fazer o batizado da boneca. Nessa hora, me preocupei, confesso. "Ah, meu Deus, será que regrediu?", pensei, achando a situação um pouco engraçada também. Mas, filho respeita e não dá palpite sem ser convidado e sem estar devidamente no seu lugar. Calei-me respeitosamente e aguardei. Sou o único filho que mora na mesma cidade que eles, e ela fez questão que eu estivesse presente. Fechei minha agenda profissional naquele horário para lá estar e desfrutar juntamente com ela e meu pai aquele momento.

Ao chegar em sua casa, vi a boneca sobre o aparador da sala, rodeada de docinhos e da foto de uma tia dela. Ela estava muito alegre. Aguardei os acontecimentos contagiado pela alegria dela.

O que ela chamou de batizado foi algo lindo e muito especial. Ela partilhou com toda a família o processo de acolher a sua criança interior e dar a ela o que sempre desejara. Então, narrou todo o processo com muito amor, respeito e gratidão à sua mãe, que se sacrificara por todos eles. Em seguida, falou da trajetória percorrida até perceber aquela falta, e como encontrara, com a ajuda da amiga, a boneca que desejava. Agradeceu-me por incentivá-la a curar a sua criança interior e fiquei surpreso, pois nunca tinha falado sobre isso com ela. Mas ela, como mãe amorosa que é, sempre lê meus livros e acompanha minhas postagens no Instagram e no Facebook, sentindo-se estimulada por eles. Então, ela nos disse que desde o dia que encontraram a boneca na internet e a compraram ela havia deixado de sentir aquela falta que lhe acompanhara por anos. E era pura alegria genuína, madura, afetiva. A tia que ali estava representada era aquela que lhe ensinara a costurar. Estava ali, sendo homenageada, porque minha mãe a honrava e lhe era muito grata, pois, graças a ela, agora podia costurar as roupinhas para a sua boneca.

Foi um lindo e terno momento de partilha da cura interior. Fez-me pensar, então, sobre a boneca que falta à criança interior de cada um de nós...

Minha mãe e seu lindo sorriso.

INDEPENDENTEMENTE DE IDADE, TODOS TRAZEMOS DENTRO DE NÓS UMA CRIANÇA FERIDA.

SEMPRE É TEMPO DE CURAR A CRIANÇA QUE VIVE EM NÓS E LIBERTAR A SUA ESPONTANEIDADE, A SUA ALEGRIA E O SEU AFETO.

ACOLHER A SOMBRA E A LUZ QUE HABITA NELA

15

O QUE NEGAS TE SUBORDINA.
O QUE ACEITAS TE TRANSFORMA.

»CARL GUSTAV JUNG

A SOMBRA PESSOAL É UM CONCEITO DA psicologia junguiana que engloba todos os aspectos negados, reprimidos, ocultos, não amados ou não reconhecidos da nossa personalidade e que não são, portanto, trazidos à luz.

Boa parte deles diz respeito a características que vão contra a moral familiar ou social e que, por isso, não podem aparecer por serem rejeitados como "bons, certos ou adequados" e, naturalmente, classificados como "maus, errados ou inadequados".

Esses componentes da sombra não são negativos, mas, frequentemente, são tomados como tais com base na interpretação feita pela educação ou pela cultura. Por isso, o seu reconhecimento causa dor, tristeza e dificuldade de aceitação. Mesmo assim, eles existem e atuam atrás das cortinas, funcionando muitas vezes como eminências pardas, aquelas figuras do alto clero da Igreja Católica que nunca aparecem, que estão sempre ocultas, que deixam o palco para os representantes oficiais, quando, na verdade, são quem verdadeiramente mandam ou dão as cartas.

Os aspectos sombrios se manifestam nas projeções psicológicas diárias, nas quais nos vemos em espelho no outro e rejeitamos nele aquilo que não admitimos em nós. Também são bastante ativos e, muitas vezes, são os responsáveis por críticas, julgamentos, rejeições, invejas, raivas e outras emoções consideradas negativas.

O autoconhecimento consiste em sair da realidade fusional em que estamos com nossos pais, afetos e amores, e caminhar, lentamente, para a percepção de nós mesmos e para uma expressão harmônica e saudável dos nossos meio ambiente interno e meio ambiente externo. Esse mergulho interior, como já falamos no capítulo 1, é um processo árduo de reconhecimento do ser integral e de desidealização gradativa e contínua.

Quanto mais rejeitamos a nós mesmos e os aspectos sombrios que também são parte de nós, mais nos tornamos reféns deles. Bert Hellinger faz coro ao ensino de Jung quando afirma que "aquilo que rejeitas te aprisiona, aquilo que reconheces te liberta".

A autoconsciência é um movimento de libertação porque, à medida que temos atitudes lúcidas e compassivas em relação a nós mesmos, no reconhecimento do que fazemos, mais força ganhamos para seguir na direção do que desejamos vir a ser. E quanto mais autoconsciência, mais autodomínio e mais compaixão.

Jung comenta:

É certo que a psicanálise pode tornar conscientes todos os instintos animais, mas não, como alguns interpretam, para deixá-los entregues a uma liberdade sem freio, e sim para integrá-los num todo harmonioso. Aliás, quaisquer que sejam as circunstâncias, é uma vantagem poder dominar plenamente a personalidade; caso contrário, os conteúdos reprimidos vão aparecer em outro lugar, estorvando o caminho – e isso não em pontos secundários, mas justamente nos pontos mais vulneráveis.

As pessoas, quando educadas para enxergarem claramente o lado sombrio de sua própria natureza, aprendem ao mesmo tempo compreender e amar seus semelhantes; pelo menos assim se espera. Uma diminuição da hipocrisia e um aumento do autoconhecimento só podem resultar numa maior consideração para com o próximo, pois somos facilmente levados a transferir para nossos semelhantes a falta de respeito e a violência que praticamos contra nossa própria natureza.[8]

Pessoas que reprimem sua verdadeira natureza para agradar ao outro e serem aceitas, ou para agradar a si mesmas quando se identificaram no desejo de ser o que o outro deseja que elas sejam, vivem grandes angústias e uma prisão interior. Em geral, tornam-se pessoas mais rígidas, mais amargas, menos propensas a se alegrar com naturalidade ou a interagir com espontaneidade nas relações. Pagam um alto preço por isso.

Desidealizar e reconhecer o que se é custa caro e requer muito esforço e dedicação. Muitas pessoas não se dispõem a fazê-lo e vivem vidas medíocres, sem o protagonismo e a autoconquista que trazem alegria.

No entanto, na nossa sombra não residem apenas os aspectos considerados negativos. Também nela se ocultam as virtudes, a força e a luz que não reconhecemos em nós ou que negamos de forma contumaz.

Reconhecer a beleza que nos habita e a luz que é também a nossa realidade é igualmente desafiador, e requer que conheçamos a verdadeira virtude e o real poder.

Quem se deixa dominar pelos aspectos negativos de sua sombra, tais como a baixa autoestima ou o sentimento de inferioridade, frequentemente vive a arrogância ou o orgulho como formas defensivas e projetivas de

---

8. Carl Gustav Jung. *Psicologia do inconsciente*. Atman.

se afirmar no mundo. Esse sentimento de superioridade (que esconde o real sentimento de inferioridade) é a falsa luz, o famoso ouro de tolo. Parece precioso, mas não é.

A verdadeira luz interior é calma, serena, humilde e composta de conquistas e potencialidades que não se afirmam pela superioridade; antes, igualam-se e desejam fluir por meio do afeto e da conexão de corações.

Aquele que brilha verdadeiramente não precisa fazer diminuir a luz ou o brilho do outro para se vangloriar. Ele a exalta para que brilhem todas as luzes, na alegria da partilha.

Por isso, só elogiam os outros com espontaneidade aqueles que estão seguros de si mesmos e conectados ao seu valor interior.

A atitude de acolher a própria sombra, incluindo a luz que a habita, é movimento essencial de autocura. Quem pode ver e aceitar a beleza e a feiura que lhe são próprias, suas qualidades e seus defeitos, seu terreno interior seco e árido que também pode ser fértil e produtivo pode ficar inteiro e unir as partes fragmentadas de si mesmo.

Com essa visão integral, é possível escolher por onde andar, reconhecer o que está ativo em si, o que deseja ativar, e autoconquistar-se, autodisciplinar-se e autossuperar-se.

Há um personagem da cultura cristã por quem tenho especial admiração e que é um belo símbolo desse movimento. Ele também representa o arquétipo do acolhimento da sombra e da luz que habita nela. Trata-se de Paulo de Tarso.

Inicialmente, ele era Saulo, um amante das letras sagradas que se tornou o maior perseguidor obstinado dos cristãos no período pós-crucifixão de Jesus. Ele amava o texto sagrado e o interpretava com a rigidez típica da sua cultura. Ao mesmo tempo, os cristãos representavam algo que o atraía profundamente, pois ninguém se dedica a perseguir nada nem ninguém sem sentir-se conecta-do ao que persegue. Afinal, toda perseguição é também uma forma de relação.

Conta-nos o texto bíblico que Saulo fora a caminho de Damasco em busca de alguns cristãos, particularmente Ananias, um idoso muito conhecido por sua fidelidade aos novos princípios do cristianismo.

No caminho, montado em seu cavalo – tudo aquilo que o levava naquele propósito e o permitia executá-lo –, viu uma luz de brilho intenso que o cegou e o fez cair da sela. (Realmente, ver uma luz intensa de repente pro-move uma cegueira inicial. O processo de iluminação in-terior deve ser gradativo, perseverante, contínuo, e não brusco nem abrupto.)

Então, uma voz vinda da luz o concitou a não "recalci-trar contra os aguilhões", ou seja, a não insistir em ferir a si mesmo dando murro em ponta de faca. Aquela voz exterior fez coro à voz do *self* ou da essência, que não suportava mais o fenômeno projetivo que lhe custava uma fragmentação interior importante.

Saulo se viu no chão, como ficamos ao nos darmos conta de nossas ambiguidades, contradições, de nossos paradoxos, ou quando reconhecemos em nós aquilo que criticamos no outro. Naquele momento, ele se percebeu equivocado, perseguindo aqueles que eram fiéis aos mes-mos princípios que ele amava mas que estavam adiante na compreensão de algo que ele ainda não alcançara ou admitira. Esse é um comportamento comum na humanidade: criticamos o que ultrapassa aquilo que concebemos como realidade de mundo.

Há na mitologia grega um personagem significativo: Procusto. Ele era um estalajadeiro que dirigia uma taverna nas colinas mais altas da Ática, na Grécia. Lá, ele oferecia acomodação para viajantes, mas sob o telhado amigável que prometia paz e conforto havia um terrível segredo escondido.

Procusto oferecia aos viajantes uma cama para que descansassem. À noite, quando dormiam, ele os amordaçava e amarrava. Se a vítima fosse grande e partes de seu corpo – pés, mãos ou cabeça – ficassem para fora da cama, Procusto as cortava. Se a pessoa fosse menor, ele quebrava seus ossos para esticá-la até que ficasse do tamanho certo.

Esse personagem representa, entre outras interpretações, a postura de perseguir aqueles que demonstram ser mais ou menos do que nós mesmos. Essa perseguição pode ser velada ou declarada, como no caso de Saulo. Ele era o Procusto de sua época, e buscava apagar o brilho dos lídimos cristãos que se sobressaíam mais do que ele e seus contemporâneos, fiéis seguidores da lei. E, claro, ele os perseguia sob a alegação de traição aos princípios legítimos da fé daquela época, pois admitir-se atraído por aquela luz e identificar-se com ela o colocaria no papel de traidor, exatamente como os cristãos que acusava.

Mas, no caminho da individuação, sempre surgem os instantes de desilusão pessoal e reconhecimento de si mesmo. E foi o que aconteceu com Saulo no instante da queda. Ele viu a luz externa e reconheceu a interna. Viu que amava aquele mesmo Jesus que ele perseguia, e que Ele representava exatamente a execução da lei que ele adorava, e não a sua negação. É assim que vemos que temos dentro de nós aquilo que criticamos fora e que nos identificamos com o que acusamos.

Saulo ficou arrasado e cego. Não é fácil encarar a dor de reconhecer-se igual. Essa percepção o desconcertou e o fez perder momentaneamente a direção. O que fazer dali em diante? O que o movera até ali perdera o sentido. Não era mais o perseguidor, era agora identificado com aqueles que perseguia, e era um deles. A mesma voz interior o direcionou a Damasco e mandou ao seu encontro aquele mesmo Ananias que perseguira. Foi Ananias quem lhe impôs as mãos e abriu seus olhos, fazendo cair as escamas que encobriam a sua visão. É que os mesmos elementos que negamos são os salvadores quando reconhecidos e aceitos. Aquilo que aceitamos nos liberta.

Saulo, transformado em Paulo de Tarso, homem renovado, foi então buscar a solidão do deserto na companhia de Áquila e Prisca para dois anos de estudo do texto sagrado até sentir-se apto a voltar à vida pública.

O período no deserto é um tempo necessário para a transformação interior.

Só se reconhece a si mesmo aquele que enfrenta o calor da decepção consigo e a necessidade de se reinventar, de descobrir como deseja e como pode agir dali em diante.

Quando Paulo voltou ao convívio social, ele já não era mais o homem cheio de orgulho, arrogância e projeções que aquela sociedade conhecera e celebrara. Era um homem maduro, com plena percepção de sua sombra e apto a uma nova postura, mais inteira, mais madura e autêntica.

Por longos anos, ele ainda enfrentaria dissabores, decepções e rejeições por parte daqueles que permaneciam cheios de soberba e que outrora o haviam celebrado, quando ele ainda era possuidor de um falso poder social e era invejado.

Enquanto isso, construía novas relações, nova rede social e enfrentava o desafio de viver os valores que passara a reconhecer como verdadeiros e seus. Enfrentava lutas, mas sentia-se inteiro, em paz.

Em inúmeras cartas aos seus contemporâneos e afins, Paulo afirmava o reconhecimento de sua sombra, do espinho na carne que não o largava e o fazia manter a consciência de sua humanidade e de sua real condição.

Nessa fase, ele foi, então, o arquétipo do homem desperto, humano, comum, imperfeito e individuado. Havia coerência entre o seu discurso e a sua prática, entre seus valores e a sua ação. A paz que ele sentia era uma consequência natural.

Quem acolhe a si mesmo em sua integridade permanece "cheio" e conectado ao essencial, com maiores possibilidades de realização e de sentir alegria interior.

Então, quem é você hoje? Saulo ou Paulo? Em que fase da sua estrada de Damasco você se encontra? O que persegue? O que ama? O que rejeita e nega?

Essa porta estreita é pessoal e somente aquele que persevera na arte de acolher a si mesmo e de reconhecer quem é e quem deseja ou precisa ser a transpõe, com sacrifício do ego e conexão com a essência.

A ATITUDE DE ACOLHER A PRÓPRIA SOMBRA, INCLUINDO A LUZ QUE A HABITA, É MOVIMENTO ESSENCIAL DE AUTOCURA.

ACOLHER A BELEZA DA IMPERMANÊNCIA DA VIDA

16

NA NATUREZA TUDO PASSA.
O TRAÇO CARACTERÍSTICO DA
EXISTÊNCIA É A IMPERMANÊNCIA.

»ALBERT EINSTEIN

Tudo na vida é impermanente. Tudo muda, transforma-se e evolui.

A impermanência é lei natural. Assim como na natureza observamos as quatro estações se sucederem uma à outra, cada qual com a sua característica particular, também observamos as fases da vida alternando ciclos e possibilidades.

As pessoas, as relações, o mundo, tudo e todos se modificam continuamente.

Vivemos uma era pós-moderna de transformações contínuas. O filósofo Zygmunt Bauman classifica esse período como a era da liquidez, na qual tudo é fluido como o líquido.

Mundo líquido: houve um tempo em que os conceitos eram sólidos; ideias, ideologias, relações, blocos de pensamento que moldavam a realidade e a interação entre as pessoas. O século XX, com suas conquistas tecnológicas, embates políticos e guerras viu o apogeu e o declínio desse mundo sólido. A pós-modernidade trouxe com ela a fluidez do líquido, ignorando divisões e barreiras, assumindo formas, ocupando espaços, diluindo certezas, crenças e práticas.

Nesse mundo líquido, a velocidade das transformações e a instabilidade das certezas promovem novos desafios.

Nos Estados Unidos foi criado, na década de 1990, o conceito intitulado VUCA (em português, VICA) para definir quatro características marcantes do momento que estamos vivendo: **V**olatilidade, **I**ncerteza, **C**omplexidade e **A**mbiguidade.

Volatilidade: o volume das mudanças e a agilidade com a qual elas têm ocorrido tornam muito difícil prever cenários como era feito tempos atrás. Estar pronto para lidar com o inesperado é mais importante que investir tempo em planejamentos muito detalhados. Ter clareza do propósito e dos resultados esperados como direcionadores é uma forma mais eficaz de lidar com as mudanças atualmente, pois não existe mais um caminho estruturado para alcançar os objetivos;

Incerteza: apesar da grande disponibilidade de informações atualmente, elas não necessariamente são úteis para compreender o futuro. Mudanças disruptivas pressupõem novos paradigmas. As soluções de hoje, em geral, não serão aplicáveis aos problemas do futuro. Mesmo que consigamos compreender as relações de causa e efeito de uma mudança, suas consequências são imprevisíveis.

Complexidade: a conectividade e a interdependência são fatores que ampliam a complexidade. [...] Não é possível prever os resultados de ações isoladas, pois elas fazem parte de um sistema complexo.

Ambiguidade: existem muitas formas de interpretar e analisar os contextos complexos. A ambiguidade é essa falta de clareza e concretude. Os impactos de uma transformação disruptiva não podem ser analisados com base no histórico e em experiências anteriores, pois é um novo cenário. Isso dá margem a múltiplas interpretações igualmente pertinentes.[9]

Esse novo cenário, líquido e incerto, requer de nós habilidades tais como resiliência para lidar com a liquidez, flexibilidade para lidar com a incerteza, trabalho em equipe e multidisciplinar para lidar com a complexidade e coragem para enfrentar a ambiguidade. Essas competências são necessárias tanto no nível pessoal quanto no profissional.

Resiliência é a capacidade de adaptar-se e retornar ao seu prumo, natural ou modificado após ser afetado por algo,

Se as mudanças são inevitáveis é preciso resiliência para lidar com elas. A capacidade de manter-se íntegro após uma brusca transformação e ainda ter fôlego para se adaptar ao novo cenário (e lidar com uma nova mudança a seguir) não é uma habilidade natural para todos. No entanto, ser resiliente não é uma opção num mundo volátil. Para desenvolver a resiliência é preciso reforçar a autoestima e manter uma perspectiva positiva diante dos acontecimentos.[10]

---

9. "Mundo VUCA: o que é e como se preparar". *Indigo*, s/d. Disponível em: <http://redeindigo.com.br/mundo-vuca-preparar/>. Acesso em: 7 jun. 2024.

10. Idem.

Flexibilidade é a habilidade de adaptar-se ao conjunto de forças que atuam, sem perder-se e sem rigidez.

Assim como o sociólogo Zygmunt Bauman afirmou que na pós-modernidade 'as relações escorrem pelo vão dos dedos', podemos dizer o mesmo sobre nossas certezas. O futuro é líquido. A flexibilidade é uma competência essencial para a adaptação constante a cenários imprevisíveis. O primeiro passo para ser mais flexível é buscar a aceitação e compreender que existem muitas formas de resolver o mesmo problema.[11]

A multidisciplinaridade abarca o trabalho em equipe com diversos pontos de vista e contribuições.

Em contextos complexos, quanto mais ampla a visão, maior a probabilidade de encontrar soluções eficazes. Neste sentido, é fundamental nos desafiarmos a estudar diferentes assuntos, de áreas de conhecimento distintas. Equipes multidisciplinares são mais propensas a obter sucesso no mundo VUCA. O desafio é aprender a lidar com as diferenças.[12]

Coragem:

Se não há respostas e explicações precisas e específicas, é preciso escolher uma linha de raciocínio e arcar com as

---

11. Idem.
12. Idem.

consequências. Tomar decisões num contexto ambíguo é um ato de coragem e, por que não, de fé. O aprendizado vem da ação e, por isso, é importante estar aberto a cometer erros.[13]

Essas habilidades são desenvolvidas quando reconhecemos a impermanência como lei natural e admitimos a sua beleza, modificando circunstâncias permanentemente e nos obrigando a adaptar e crescer.

Fica claro, portanto, que não temos controle sobre nada nem ninguém. Pretender ter controle sobre os relacionamentos e as circunstâncias da vida promove angústia e conflitos contínuos, pois tentamos controlar o que é incontrolável e impermanente.

Em uma relação de amor a dois, por exemplo, os parceiros não têm nenhuma segurança senão a do compromisso de fazerem todo dia o que for necessário para continuarem se alegrando um com o outro. Para isso, necessitam prestar contínua atenção em si mesmos e no outro para serem honestos, espontâneos, autênticos, afetivos e complementares.

O respeito nessa relação é a tônica principal, e requer perceber as mudanças de fase da relação e da intimidade. Quem acredita que a assinatura de um documento garante a segurança de uma relação e não atenta para a necessidade de acompanhar as próprias mudanças e as do outro, que seguem as transformações das circunstâncias da vida, é surpreendido com efeitos e experiências dolorosas na relação a dois.

---

13. Idem.

Igualmente, as amizades sofrem transformações todo o tempo. Uma relação que é intensa e abastecedora hoje não o será amanhã. As pessoas mudam, distanciam-se, elegem novas prioridades e as relações se transformam.

Portanto, o tempo de viver a alegria dos afetos é o presente. É no hoje e no agora que realizamos os sonhos, que falamos dos nossos sentimentos, que demonstramos gratidão ou curamos as feridas abertas. O amanhã é uma possibilidade incerta.

A morte biológica é uma fase da vida, e amanhã aqueles que amam podem não estar mais aqui para desfrutar de uma relação ou para se reconciliar. Hoje é o tempo de dizer o que é preciso, com ternura, é o tempo de perdoar, conviver, demonstrar amizade, alegria ou cuidado com quem se ama.

Profissionais que trabalham com doentes terminais, como médicos ou enfermeiros, afirmam com frequência que aqueles que estão diante da finitude lamentam o que não viveram, o que não disseram, os afetos não expressos ou não retribuídos, e escolhem estar com quem amam e dizer o que precisam. Aqueles que cultivaram as relações com intensidade escolhem partilhar os últimos momentos com os amados e viver a inteireza daquele instante, juntos.

Diante, pois, da impermanência, é fundamental a atitude de estar presente no presente, com os pés no chão e com a atenção plena em si mesmo e na vida, para a melhor experiência possível em um mundo complexo, ambíguo e líquido, em que tudo muda a todo instante.

TUDO NA VIDA É IMPERMANENTE. TUDO MUDA, TRANSFORMA-SE E EVOLUI. A IMPERMANÊNCIA É LEI NATURAL.

AS PESSOAS, AS RELAÇÕES, O MUNDO, TUDO E TODOS SE MODIFICAM CONTINUAMENTE.

200/201

AMAR AS PESSOAS MAIS DO QUE OS VALORES

17

A CONSCIÊNCIA É O MELHOR LIVRO DE MORAL E O QUE MENOS SE CONSULTA.

»BLAISE PASCAL

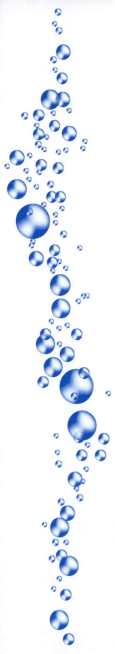

BERT HELLINGER, TERAPEUTA E FILÓSOFO

alemão, desenvolvedor da constelação familiar, uma vez narrou uma importante passagem de sua juventude, de quando era padre.

Ele foi enviado para a África do Sul a fim de trabalhar com os africâneres e com os ingleses que lá dominavam naquela época. Um dia, participou de um *workshop* só para padres e o que aconteceu mudou a sua vida para sempre. O padre facilitador do *workshop* fez uma pergunta profundamente impactante aos participantes: "Se vocês tiverem que escolher entre as pessoas e os valores, com o que é que vocês ficam?".

Bert, que estava muito centrado, disse que aquela questão mexeu com ele no mais profundo. Ele teve a certeza de que deveria dizer: "– Com as pessoas", afinal de contas era um padre e padres cuidam de pessoas. No entanto, ele teve a convicção de que ele e os amigos ficavam com os valores, e por fidelidade passavam por cima das pessoas e de suas humanidades.

Essa experiência impactante levou Bert a rever os caminhos de sua vida, e foi um dos elementos que o levou à busca e ao estudo das práticas e filosofias terapêuticas que procuram entender o que provoca os nossos comportamentos, além de sua finalidade.

Daquela pergunta original, Bert evoluiu para outras, tais como: o que nos leva a ser fiéis a padrões e comportamentos, mesmo quando eles nos afastam das pessoas que amamos? Por que e a serviço do que repetimos destinos difíceis de nossa família e não nos permitimos uma realidade mais leve e original? O que nos leva a manter os comportamentos daqueles que criticamos e que vieram antes de nós? Todas essas perguntas o levaram até o moderno e libertador método das constelações familiares, no qual as conquistas do psicodrama e das representações familiares são aliadas ao método fenomenológico, propiciando a percepção dos vínculos de amor que atuam nos sistemas familiares e as posturas que trazem paz e podem levar às soluções de conflitos relacionais e dificuldades interiores. Tudo isso sem nenhum julgamento moral.

O julgamento moral está a serviço da exclusão, não promove crescimento.

Bert percebeu que ele e os outros padres, seus amigos, eram fiéis a valores da Igreja e que, por isso, excluíam as pessoas – ou parte delas – que não se encaixavam no código de valores religiosos daquela comunidade. Ao sair da Ordem, ele buscou olhar com prioridade para as pessoas.

Ao julgar o outro, projetamos nele os nossos conflitos, as nossas dores e limitações interiores. O julgamento fala mais de nós que do outro, porque denuncia o nosso sistema de valores, a nossa incapacidade de flexibilidade ou compaixão, além do sentimento de superioridade que ele traz subjacente.

Quem julga se sente melhor e maior que o outro e não tem tempo para amar. O julgamento moral está a serviço do poder, e não do afeto. Ele promove separatividade, violência, exclusão, desunião e falta de fraternidade.

A moral é o código de valores passageiros de um grupo, um sistema ou uma comunidade, e ela muda continuamente. Ela representa o entendimento e o posicionamento diante das questões da vida conforme determinado tempo histórico, social e cultural, e se renova com o tempo. É diferente da ética. Esta representa o conjunto de valores humanos que nos fazem iguais e que nos conectam a um sistema de valor, cidadania e dignidade que devem ser respeitados para o bem de qualquer pessoa, povo ou comunidade.

Amar as pessoas requer posicionamento ético. Para isso, é essencial olhar para o ser humano e sua dignidade, muito mais do que para os valores. Aquele que olha para as pessoas busca ver para onde olha o amor daquela pessoa, em vez de apenas analisar as suas atitudes; olha para o coração que pulsa vida humana, imperfeita, comum, e a ela se conecta, como um igual.

Verdadeiramente grande é aquele que vê a si mesmo e ao outro no mesmo nível, apesar de todas as diferenças. Mesmo nível de direitos, de dignidade e, consequentemente, de deveres.

Quem se sente igual faz o que é necessário para diminuir-se ao nível em que o outro se encontra, por meio da simplicidade e da humildade, ou para engrandecer aquele que se sente ou se coloca em posição inferior, empoderando-o por meio da percepção de sua grandeza.

Ao escrever este texto, penso na grandeza daquelas pessoas que esconderam os judeus durante a Segunda Guerra Mundial, ou daquelas que trataram os negros como iguais em plena época da escravidão institucionalizada ou do *apartheid*. Penso na força que precisaram ter aqueles que se negaram a se sentir superiores ou a fazer coro a um discurso moral que os colocava como melhores, maiores ou mais dignos. Essas pessoas olharam para o ser humano que estava diante delas, independentemente da cor de sua pele, de sua raça ou nacionalidade, e foram fiéis aos sentimentos éticos de igualdade, liberdade e fraternidade que as tomou e permitiu que amassem desconhecidos como irmãos, ou pessoas queridas como iguais.

Então, transporto-me aos dias atuais e penso nas disputas político-partidárias; nas divergências religiosas, étnicas e sociais; na discriminação de gênero e de orientação sexual; nas brigas por diferenças de opinião e me pergunto: O que tem sido prioridade para nós? As pessoas ou os valores?

A desagregação familiar e social que temos presenciado é fruto de uma postura de crítica exacerbada, julgamentos morais rígidos, injúrias, calúnias e violências, psicológica e física. Isso reflete o adoecimento interno de uma comunidade que tem priorizado o hedonismo, o individualismo e o materialismo como princípios de vida. Todos eles colocam as coisas e os interesses pessoais acima da relação e da vida em comunidade, e não permitem que o outro seja visto e valorizado como igual. Também por isso as taxas de crimes e violências são tão altas.

Necessitamos urgentemente rever nossos posicionamentos internos e pessoais. Cada pessoa, cada família, é uma célula da sociedade e é responsável por ela.

Vivemos tempos de transformação nos quais não cabe mais a cultura do bem pessoal sem o bem coletivo, da satisfação de um ser à custa do sacrifício de inúmeros outros para o seu prazer. Todos são dignos e iguais.

Amar as pessoas mais que os valores não requer abrir mão de valores, pensamentos ou interesses pessoais, ou que os consideremos ruins. De forma alguma. Requer apenas que vejamos o ser humano que está diante de nós com olhos de compaixão e humanidade, mesmo quando for necessário repreender, reajustar ou limitar o outro. Isso significa ver o outro como ser humano em primeiro lugar, e as relações, como mais importantes que as coisas.

AMAR AS PESSOAS REQUER POSICIONAMENTO ÉTICO. PARA ISSO, É ESSENCIAL OLHAR PARA O SER HUMANO E SUA DIGNIDADE, MUITO MAIS DO QUE PARA OS VALORES.

RESSIGNIFICAR TRAUMAS E DORES

TEMPO DE TRAVESSIA

HÁ UM TEMPO EM QUE É PRECISO
ABANDONAR AS ROUPAS USADAS,
QUE JÁ TÊM A FORMA DO NOSSO CORPO,
E ESQUECER OS NOSSOS CAMINHOS,
QUE NOS LEVAM SEMPRE AOS MESMOS
LUGARES. É O TEMPO DA TRAVESSIA:
E, SE NÃO OUSARMOS FAZÊ-LA,
TEREMOS FICADO, PARA SEMPRE,
À MARGEM DE NÓS MESMOS.

» FERNANDO TEIXEIRA DE ANDRADE

DORES, DECEPÇÕES E MÁGOAS SÃO EVENtos comuns na vida de todo ser humano que se relaciona. Muitas pessoas vivenciam estresse pós-traumático após uma vivência física ou ocorrência afetiva com repercussões biológicas e emocionais intensas. Várias experiências têm uma força emocional tão significativa que permanecem ativas após muitos anos, guiando respostas emocionais atuais, posturas e escolhas.

Essas vivências podem ser "esquecidas" quando reprimidas ou tornarem-se memórias ativas que ficam sendo remoídas no consciente enquanto não são metabolizadas ou superadas.

As neurociências nos explicam que, quando rememoramos algo repetidamente, como uma mágoa, um trauma ou uma experiência que nos trouxe dor e sofrimento, produzimos novamente a mesma cascata neuroquímica cerebral do evento original. Isso significa que nós nos autoagredimos a cada lembrança, narrativa ou evocação interior e silenciosa de algo que nos trouxe dor. Por isso, o termo ressentimento traz a ideia adequada: *re-sentir*, sentir novamente. Esse é um movimento autopunitivo.

Segundo a psicanálise, o ressentimento é a somatória do vitimismo com o desejo de vingança. Aquele que cultiva o rancor não assume a sua responsabilidade naquilo que viveu ou vive, mantendo-se na postura infantil de cobrar do outro o papel de cuidador, protetor ou salvador. Com isso, só consegue ferir continuamente a si mesmo, ressentindo o ato agressor, vivendo o gozo perverso da autopunição decorrente da culpa inconsciente de não assumir a responsabilidade pela própria vida.

A reconciliação é o movimento libertador que aporta paz.

Ela começa quando cada pessoa envolvida na relação assume a parte que lhe cabe nas circunstâncias da vida e confere ao outro, respeitosamente, o direito de ser humano, comum e imperfeito, tal qual a si mesmo, desobrigando-o da expectativa e da cobrança de ser aquilo que a sua idealização projetou.

Assim, ficam ambos liberados para verem e serem vistos como verdadeiramente são e para estabelecerem laços saudáveis de trocas e partilhas sustentadas na compaixão e na amorosidade. Isso, é claro, demanda tempo e maturidade.

Ao ressignificar uma experiência, mudamos a interpretação ou o foco de visão, o que produz uma mudança fisiológica, orgânica e emocional profunda, capaz de trazer alívio e leveza.

A cada ressignificação, o cérebro é estimulado a construir novos caminhos ou circuitos neurais, novas rotas de conexão (sinapses neuronais) e mapas mentais, com amplas repercussões. Portanto, ressignificar e ter percepções que ampliam a visão de uma vivência, um relacionamento ou um fato produzem um movimento de autocura e ampliação interior.

Segundo a epigenética, área da Biologia que estuda o controle dos genes no interior das células, a ativação e a desativação genética são determinadas por uma complexa interação molecular em nossas células. Essas moléculas vêm do meio ambiente a que nos submetemos, tanto o exterior – o que comemos, bebemos, passamos no corpo – quanto o interior, que criamos em nós a partir das experiências emocionais que vivenciamos.

Enquanto pensamos, sentimos e agimos, produzimos uma enorme cascata neuroquímica que é lançada no sangue e age em todo o organismo.

Essas moléculas que circulam no sangue se ligam a receptores nas membranas celulares (os tijolos do nosso corpo) e produzem uma enorme sinalização interna nas células, que liga ou desliga os genes, modifica a sua ordem de produção proteica ou mesmo determina mutações genéticas e formações de novos genes.

A vida mental e emocional, portanto, tem uma ampla repercussão física e de organização e comando da função celular. Somos os autores de nossa própria história e os escritores do *script* de nosso destino.

Ao ressignificar uma vivência emocional, mudamos a cascata de moléculas que essa vivência determina, o que altera também a resposta orgânica.

Como ressignificar, então?

A atitude de ressignificação começa com a decisão de se tornar autor e senhor de sua própria história. Quem se comporta como vítima abre mão de seu poder pessoal. Já quem decide ser resiliente, assume para si a tarefa de conduzir o barco, independentemente da direção do vento.

Ressignificar implica dar novo significado, o que é resultado de uma nova interpretação. Necessário se faz, portanto, mudar o ponto de vista, o ângulo de visão.

Muitas vezes, trabalhamos com pessoas que ficam, por muito tempo, magoadas com os pais por suas faltas ou pelas dificuldades que passaram com eles. Lembro-me de uma senhora que se queixava sobre a mãe não ter dado a ela a mesma atenção que ao filho primogênito, e ela, então, carregava uma sensação de rejeição grande dentro de si. A sua criança interior queixava-se da falta de atenção e afirmava o sentimento de abandono.

No entanto, ao olhar para a sua história de vida, convidei-a a reconhecer quão longe ela tinha chegado graças às características de força e vigor que havia desenvolvido exatamente devido à maior liberdade e autonomia que a mãe lhe havia dado. Ela se alegrava muito com o que conquistara na vida, mas se lamentava por não ter tido o que queria e permanecia vítima dessa falta.

Então, perguntei a ela como estava o irmão que havia recebido mais. Ela contou que ele era dependente da mãe e vivia um grande drama emocional. Não havia caminhado muito na vida e permanecia andando em círculos. Questionei se ela desejava ter a vida do irmão e ela disse: "Claro que não". Ela não se dava conta de que desejava que a mãe tivesse ofertado a ela o mesmo que dera ao irmão, mas que não desejava o resultado disso, nem agradecia em seu coração o destino mais leve e mais amplo que lhe fora possibilitado. Queixava-se do ônus sem agradecer pelo bônus que a experiência lhe trouxera.

Essa história me lembrou de outra, sobre duas árvores que foram plantadas em dois terrenos, um ao lado do outro. Havia uma grande distância entre elas, que ficavam separadas por uma cerca. O jardineiro de um dos terrenos era cuidadoso, dava tudo à sua planta, não a deixava passar dificuldades. O jardineiro do outro terreno se esquecia frequentemente da árvore que plantara ali, e ela ficava sem água e sem adubo inúmeras vezes. Ambas cresceram e sobreviveram, cada uma com a sua luta. Certo dia, sobreveio uma grande tempestade na região. Muita água caiu do céu, e as rajadas de vento forte foram impiedosas. Ambas as árvores foram afetadas, mas aquela que tudo tivera foi arrancada com a raiz, que era superficial e horizontal. Já aquela que passou por privações, dobrou-se até o chão, perdeu alguns galhos, mas permaneceu viva e depois se recuperou. É que a sua raiz era profunda e vertical. Como algo lhe faltava frequentemente, ela teve que aprofundá-la e buscar mais longe aquilo de que necessitava.

É o que acontece com as árvores na África, em regiões de seca, sempre exuberantes mesmo em meio à aridez: suas raízes são profundas. Sob todo terreno seco há um lençol freático.

Isso também acontece nos sistemas familiares de cada um de nós. Às vezes, os pais não têm para dar, mas podemos aprofundar as raízes e receber dos avós o que necessitamos, ou de tios, parentes, amigos. Há sempre força ao redor de toda falta.

Ao ouvir a história, a senhora se deu conta do quanto havia sido beneficiada pela mãe, embora por caminhos dolorosos que lhe tinham custado muito. No entanto, hoje, adulta, tinha a possibilidade de ressignificar aquela história e, inclusive, dar à sua criança o que ela continuava necessitando: a alegria de tomar o amor de pai e de mãe. Ela poderia levar a sua pequena de volta aos braços da mãe, no seu coração, e conectar-se à sua força e à sua grandeza por meio da gratidão.

Quando ela pôde sentir isso, experimentar a sensações de leveza e de alegria decorrentes da ressignificação e da reconexão interior, sentiu-se ainda mais empoderada e apta a fazer escolhas que a levaram para o "mais" na vida.

Quem ressignifica encontra a paz.

Nem sempre é possível ressignificar sozinho uma experiência. Às vezes, é preciso um diálogo construtivo que nos permita conhecer o ponto de vista do outro e o exercício da empatia e a compaixão. De outras vezes, é necessária uma ajuda profissional que oferte um olhar neutro e distanciado das emoções que cegam os envolvidos naquela experiência, favorecendo o diálogo, a percepção de outros pontos de vista, os *insights* de luz e sombra interiores e a reinterpretação dos fatos e circunstâncias da vida.

Pedir ajuda é um ato de humildade e não representa fraqueza; antes, manifesta força e grandeza, porque aquele que decide responsabilizar-se pela vida e perceber as posturas que trazem paz, pelo tempo que necessitar para isso, é digno e demonstra atitude de maturidade diante da vida.

A ATITUDE DE RESSIGNIFICAÇÃO COMEÇA COM A DECISÃO DE SE TORNAR AUTOR E SENHOR DE SUA PRÓPRIA HISTÓRIA. QUEM SE COMPORTA COMO VÍTIMA ABRE MÃO DE SEU PODER PESSOAL. JÁ QUEM DECIDE SER RESILIENTE, ASSUME PARA SI A TAREFA DE CONDUZIR O BARCO, INDEPENDENTEMENTE DA DIREÇÃO DO VENTO.

CONSTRUIR NOVOS HÁBITOS E NOVOS MAPAS NEURAIS

INTELIGÊNCIA É A CAPACIDADE DE SE ADAPTAR À MUDANÇA.

»STEPHEN HAWKING

O PROCESSO DE RESSIGNIFICAÇÃO DAS experiências emocionais promove a construção de novas conexões neuronais e de distintos trajetos de ativação cerebral.

Hábitos, comportamentos e atitudes repetitivos geram um costume no cérebro, um caminho por onde o impulso eletroquímico passa utilizando um meio de transporte específico – nesse caso, distintos neurotransmissores, substâncias químicas que comunicam a informação elétrica de um neurônio a outro, em linguagem simples.

Mudar comportamentos e atitudes significa promover uma troca de rota que não é apenas emocional, mas também física e biológica. A mudança de postura transforma o funcionamento cerebral e, exatamente por isso, encontra resistência nos automatismos biológicos, ou seja, nos caminhos já ativados no cérebro, por onde os impulsos transitam.

Criar caminhos demanda mudanças nas decisões e construção de novos hábitos. Quando novos hábitos e decisões são repetidos ao longo do tempo, formam novos caminhos neurais que vão se tornando prioridade no cérebro. É exatamente por isso que as mudanças são difíceis no início e vão ficando mais fáceis com o passar do tempo e com a perseverança na decisão.

Cada caminho neuronal tem seus gatilhos, ou seja, atitudes, comportamentos ou experiências que o ativam, gerando uma cascata de reações. Por exemplo, quem deseja parar de fumar deve evitar tudo aquilo que excita o hábito de fumar, tais como beber café ou cerveja, entre outros hábitos. Ao beber essas substâncias, ou mesmo só de pensar em fazê-lo, o cérebro ativa aquela via neuronal específica – ou várias delas – que ativam a vontade de fumar. Por isso, aquele que tenta vencer a si mesmo e construir hábitos mais saudáveis de vida é aconselhado a interromper momentaneamente esses gatilhos enquanto o cérebro cria novas rotas neuronais a partir de novas decisões e posturas e se habitua a elas.

Para que novos hábitos sejam estabelecidos, é preciso que a decisão seja vivida continuamente, gerando novo automatismo emocional ou de postura. Ou seja, é preciso decidir várias vezes; repetindo a decisão inicial, o corpo se habitua e passa a obedecer àquele estímulo.

As pessoas que desejam a transformação imediata – a santificação da noite para o dia ou a modificação abrupta – vivem fantasias infantis. No fundo, desejam obter resultados sem se esforçar, conquistar sem merecer, ter sem construir.

É o caso de pessoas que fazem uso de substâncias psicoativas para lidar com frustrações, vazios ou ansiedade e desejam interromper o uso de imediato, sem sentir os efeitos da abstinência, obrigando seu corpo a obedecer imediatamente. Elas acabam se sentindo frustradas e recaem no uso.

Toda mudança demanda tempo e sacrifício.

Para construir novos hábitos, por vezes é necessário disciplinar-se para fazer por si mesmo o que é preciso, mesmo que não seja aquilo de que se tem vontade.

Quem se exercita durante um episódio depressivo ou ansioso deve fazê-lo porque necessita e não porque sente vontade espontânea para tal. O exercício faz o corpo liberar endorfinas (substâncias de prazer) e aumentar a produção de serotonina (neurotransmissor essencial ao sentimento de satisfação e alegria interior), promovendo relaxamento muscular e mudanças benéficas no metabolismo orgânico, com resultados muito positivos.

No início, o esforço para fazer o que é preciso é determinante. Com o passar do tempo, esse esforço cede lugar à sensação de prazer e à satisfação, uma vez que o cérebro se habitua na produção dos neurotransmissores e passa a responder com mais intensidade ao estímulo, e até a depender dele, o que observamos com base no desejo espontâneo que passamos a sentir de executar a atividade que antes só era realizada com muito esforço.

O mesmo acontece com os hábitos emocionais.

As pessoas que se envolvem com atividades voluntárias, por exemplo, fazem isso movidas pelos interesses mais diversos. Algumas porque precisam – foram convencidas a fazê-lo –, outras porque buscam um novo sentido para a vida. O primeiro movimento é o do ego, que busca suas próprias necessidades e satisfação e as encontra com o tempo. Isso é atestado, hoje, por inúmeras publicações científicas que demonstram que quem serve é mais beneficiado do que quem é servido.

Com o passar do tempo e com o hábito, o prazer se torna natural e a pessoa passa a estender seu olhar para além e a perceber estímulos de ressignificação da própria história. A dor e a vulnerabilidade do outro nos remetem às nossas próprias dores e vulnerabilidades, permitindo que vejamos a vida sob um novo prisma.

Essa nova visão se torna um estímulo neuronal contínuo e nos permite ter renovadas sensações e impulsos. E assim a vida segue, sempre nova.

Mariana (nome fictício) era uma mulher com muitas dores no corpo. "Tudo dói", ela dizia. Havia passado por muitos médicos e seu diagnóstico era de fibromialgia, uma síndrome reumatológica sem causa conhecida que cursa com dores em múltiplos pontos do corpo, além de depressão, distúrbio do sono e outros sintomas. Essas múltiplas dores em músculos, tendões e articulações geram os chamados *trigger points* (pontos gatilhos). Isso acontece devido a uma alteração da interpretação dos estímulos recebidos pelo cérebro e pelos receptores cutâneos. Os estímulos captados são interpretados de uma maneira anômala, ou seja, um simples abraço ou um aperto de mão mais forte pode desencadear as dores.

Ela tomava várias medicações para o controle da dor: anti-inflamatórios, relaxantes musculares, antidepressivos, ansiolíticos, indutores do sono; não vivia sem eles.

Na sua história de vida havia episódios dolorosos, e ela tinha se magoado com eles, guardando-os no coração. Frequentemente, lamentava-se deles. Seu corpo já apresentava vários automatismos de dores emocional e física.

A dor física, embora desencadeada nos receptores específicos da pele ou de órgãos internos, é modulada pelo cérebro, que a maximiza ou minimiza. É fato bastante sabido na área da saúde que os temperamentos melancólicos, as posturas pessimistas ou os pensamentos destrutivos aumentam a percepção da dor e a tolerância a ela. Por outro lado, os temperamentos otimistas, positivos ou resilientes diminuem a percepção da dor e aumentam a tolerância a ela. Pessoas que estão acompanhadas dos seus afetos e que os vivenciam positivamente sentem menos dor, ao passo que aquelas que sentem solidão, por estarem sozinhas ou por assim se sentirem, mesmo acompanhadas, sentem mais dor, em frequência e intensidade.

Mariana, portanto, sentia muita dor e aumentava a sua percepção com suas interpretações da vida e das experiências emocionais. No entanto, havia em seu coração uma grande vontade de servir. O que ela já fazia – até porque tinha dificuldade de falar "não", de negar algo a alguém –, mas seu sonho secreto, guardado em sua alma, era servir na África.

Ao conhecer a ONG Fraternidade sem Fronteiras e os projetos com crianças em Moçambique, ela sentiu vibrar as fibras mais profundas de seu coração. Imediatamente, desejou auxiliar com seu conhecimento educacional e seu amor fraternal. Tornou-se madrinha do projeto Acolher Moçambique (que ampara a cerca de 15 mil crianças órfãs) e se inscreveu em uma caravana da educação que tinha como destino aldeias africanas.

Lá chegando, teve um grande choque: em vez das crianças tristes e sofridas que imaginou que encontraria em decorrência da situação de miséria e dor, viu alegria e espontaneidade que não imaginava existir. Visitou casas, conheceu realidades, brincou com as crianças e contribuiu com suas práticas educativas.

Ao conversar com mães, percebeu que a grande maioria delas vivia só, sem um homem, levando a família nas costas. Muitas delas tinham vivido situações de dores intensas e de faltas inúmeras e, ainda assim, ostentavam um sorriso espontâneo, cheio de força e dignidade na face.

Ela ficou muito impactada com tudo aquilo. Por dez dias, viveu com intensidade as emoções que a viagem proporcionou, um misto de dor e alegria, surpresa e encantamento.

Ao voltar, percebeu que enquanto tinha estado lá, trabalhando, servindo, partilhando, não havia sentido dores significativas no corpo e havia dormido com muito mais facilidade. Aquilo chamou a sua atenção.

As histórias de vida que conheceu a impactaram fortemente, a ponto de a terem feito pensar nas suas experiências de outra maneira. Ela passou a se reconhecer abençoada, enxergar muitas oportunidades ao seu redor, e as faltas, que antes eram tão significativas, já não tinham mais tanto valor. Ela ressignificou a sua experiência a partir do contato com a dor alheia.

Mariana decidiu, então, retornar à África em nova viagem e aprofundar a experiência. Voltou para lá algumas vezes. O resultado foi que ela se tornou uma multiplicadora do projeto, encontrando um direcionamento mais útil para seus esforços, e pouco a pouco viu suas dores diminuírem até desaparecerem. O uso que fazia de substâncias para amenizar suas dores foi cessando gradativamente, sob orientação e acompanhamento médico. Um dia, deixou de precisar delas.

A experiência do afeto, do conhecimento da dor, da força e da dignidade do povo moçambicano, além da oportunidade de servir e ressignificar a própria vida, mudaram o funcionamento de seu cérebro e a resposta de seu corpo. Hábitos e mapas neurais foram criados, agora mais sintonizados com a alegria de viver e a gratidão, com a utilidade do que ela tem a ofertar e com sua satisfação de fazê-lo.

A recuperação da saúde foi uma consequência natural.

CRIAR CAMINHOS DEMANDA MUDANÇAS NAS DECISÕES E CONSTRUÇÃO DE NOVOS HÁBITOS. QUANDO NOVOS HÁBITOS E DECISÕES SÃO REPETIDOS AO LONGO DO TEMPO, FORMAM NOVOS CAMINHOS NEURAIS QUE VÃO SE TORNANDO PRIORIDADE NO CÉREBRO. É EXATAMENTE POR ISSO QUE AS MUDANÇAS SÃO DIFÍCEIS NO INÍCIO E VÃO FICANDO MAIS FÁCEIS COM O PASSAR DO TEMPO E COM A PERSEVERANÇA NA DECISÃO.

PERDÃO: ESVAZIANDO O BAÚ DAS EXPECTATIVAS

20

O FRACO JAMAIS PERDOA:
O PERDÃO É UMA DAS
CARACTERÍSTICAS DO FORTE.

» MAHATMA GANDHI

NINGUÉM TEM O PODER DE TE OFENDER ou magoar.

A mágoa diz respeito muito mais ao ofendido que ao ofensor, pois só você pode dar significado ao que é sentido e vivido, independentemente da intenção ou da ação do outro.

A mágoa é o baú das expectativas não atendidas e cristalizadas. Elas se mantêm enquanto são nutridas e cultivadas.

O perdão é a decisão pela paz e pela libertação do veneno da exigência guardado no coração. Ele é possível quando conferimos ao outro o mesmo direito que temos de ser humano e imperfeito, e nos conectamos a ele por meio da compaixão e da humanidade.

Liberar a si mesmo e ao outro das expectativas ou readequá-las sustentando-se na aceitação da realidade promove alívio e paz interior e nas relações.

A mágoa é como uma semente: uma vez guardada e albergada no coração, ela se nutre das expectativas sustentadas e cresce, dá frutos e se multiplica.

Quando alguém decide perdoar, decide deixar de ser vítima do que o ofendeu. Não deixa de ser afetado, porém, deixa de ser definido pela injúria ou pela circunstância agressora.

Se a mágoa se origina de uma interpretação da realidade, então as crenças e os pontos de vista têm de ser revistos. A atitude de flexibilizar julgamentos e se colocar no lugar do outro ajuda muito nesse caso. Quando trocamos de posição, podemos ver com mais amplidão.

Muitos filhos e filhas guardam, no coração, mágoas de seus pais porque nutrem o sentimento de que eles deveriam ter sido perfeitos, de que deveriam ter feito de tudo para evitar o sentido de falta ou frustração. Os pais, no entanto, são pessoas comuns e imperfeitas que têm o seu próprio coração ferido em sua história pessoal e que lutam com dificuldades para, muito frequentemente, darem aos filhos um destino mais leve. Estes, no entanto, mantêm a criança ferida no comando e só olham para o que não tiveram e não receberam, ou para aquilo que os feriu, priorizando isso em vez do que foi possível ser dado.

Quando os filhos amadurecem na vida, muitas vezes passando por lutas e dificuldades, eles se colocam no lugar dos pais e percebem o quanto custou terem sido criados da maneira como foram. Assim, conseguem ressignificar a experiência.

Recentemente, um casal amigo que lutou muito para engravidar compartilhou comigo quão difícil e desafiador, embora igualmente prazeroso, estava sendo cuidar da filha de poucos meses de idade. As necessidades infantis são imensas e exigem dos pais o amor sacrificial contínuo. Eles, então, confessaram que tinham passado a olhar para os seus pais de forma diferente, com muito mais compaixão, liberando-se das exigências infantis.

Se a mágoa se origina de uma agressão real que gerou uma lesão importante, afetiva ou física, então o perdão é a aceitação da realidade com o acolhimento da sua humanidade e da humanidade do outro. Assim como nós falhamos, os outros também falham e, por vezes, com graves consequências. A atitude de liberar-se das expectativas de que o outro seja sempre dócil e amoroso, compreensivo e acolhedor, é também aceitar a dualidade luz e sombra que todos trazemos na intimidade. Ao olhar com compaixão para a sua própria sombra, você pode acolher a do outro com facilidade e se libertar do papel de vítima da sombra alheia.

O mais desafiador diante da mágoa é reconhecer o que está por trás dela, sejam as expectativas nutridas, sejam os amores ocultos. É mais fácil lidar com a mágoa do que enfrentar o reconhecimento e o respeito ao sentimento que ela representa.

Pessoas que saem de um relacionamento e permanecem magoadas com o outro mesmo após muito anos ainda nutrem a expectativa secreta de que o outro volte e a recompense pelo mal causado, restabelecendo os laços. Essas pessoas pagam um alto preço por não reconhecerem esse amor.

Lembro-me de várias senhoras que vieram trabalhar esse tema nos *workshops* de constelação familiar ou no meu consultório de homeopatia, e que, ao se darem conta de que o amor permanecia subjacente à mágoa que nutriam por "ex-companheiros", foram tomadas primeiramente pela negação – dificuldade de romper a cristalização defensiva das emoções e sentimentos –, depois, pela raiva – contato com a expectativa nutrida secretamente –, para só então viverem o reconhecimento do amor e a aceitação, com grande alívio. Nesse ponto, o perdão é possível e, após ele, a reconciliação, que aqui significa dar um lugar permanente de amor e respeito para o outro no coração, independentemente do destino da relação.

Igualmente desafiador é perceber que, por trás das mágoas, dormitam admirações e afetos não respeitados entre amigos ou conhecidos.

Certa vez, sonhei com uma pessoa por quem eu nutria uma mágoa leve, mas clara para mim. No meu consciente, eu rejeitava a presença ou o contato com essa pessoa – que era somente uma pessoa muito dissimulada que eu conhecia. No entanto, no sonho eu a encontrava e manifestava muita alegria em revê-la, dizendo: "Quando for a Belo Horizonte, fique em minha casa".

Lembro-me de ter despertado no meio da noite impactado com o sonho e, ao abrir os olhos, ainda tomado das emoções e dos sentimentos positivos que ele expressava, disse a mim mesmo: "Ah, meu Deus, não é mágoa, é amor fraternal".

Percebi, então, que na verdade eu admirava muito aquela pessoa, embora discordasse da maneira como ela usava seus talentos para ferir e destruir pelas costas, com máscara de perfeição.

Desde aquele dia, senti-me livre do sentimento de repulsa e pude, então, mergulhar mais fundo em mim mesmo e me perguntar: "E em você, como é a dissimulação? Quais mentiras você conta para você mesmo e para os outros, ainda que inconscientemente? Como a inveja e o desejo de poder – que eu reconhecia naquela pessoa tão facilmente – manifestam-se em você? Qual é o nível de coerência entre os seus valores e as suas práticas?".

Essas perguntas e suas consequentes respostas foram libertadoras. Ao olhar mais fundo para mim mesmo, pude ver o quanto de mim havia naquela pessoa e o quanto dela havia em mim, e, assim, pude romper a fusão projecional que eu havia criado. O que é dela a ela pertence, e nisso eu não me meto. Sou responsável somente por mim e por minha felicidade. Fiquei muito em paz com esse movimento.

Em outra oportunidade, durante o meu treinamento na filosofia prática da constelação, levei para um *workshop* uma mágoa importante que sentia em relação a uma chefe que eu tinha no trabalho na época, por conta de um sentimento de perseguição. O que se mostrou foi muito aliviador.

Percebi, por meio das representações realizadas na metodologia fenomenológica, que ela olhava por cima de mim, em outra direção. Sua alma e seu amor olhavam para algo que faltava nela, e eu só estava no meio do seu caminho. Vi, então, que eu tomava para mim algo que não era meu. Pude me decidir a respeitá-la mais amplamente e a reconhecer que, no fundo, eu também a admirava e desejava ser igualmente reconhecido e querido por ela. Daquele dia em diante, não tive mais problemas com ela.

Esvaziar o baú das expectativas requer coragem, disposição de olhar para dentro, determinação para abandonar o papel de vítima e persistência para renovar pontos de vista e ressignificar experiências emocionais.

Não há ferida que não feche nem dor que não se cure. Sempre é possível ter uma atitude de paz consigo mesmo e decidir-se pela libertação da toxidade das exigências e das arrogâncias nutridas ocultamente.

Liberar-se para viver expectativas mais adequadas com a realidade e estar disposto a flexibilizá-las ou modificá-las sempre que necessário é uma atitude coerente que traz enorme paz. Mas isso só acontece quando saímos do jogo de poder que é a relação vítima-algoz e nos colocamos no patamar da autorresponsabilização. Assim, é possível olhar para as corresponsabilidades e para os sentimentos reais que são cultivados no coração.

Perdoar é aceitar que a condição humana é falível e paradoxal. Há em nós muitas facetas, várias subpersonalidades que muitas vezes brigam e discordam, fazendo com que o comportamento seja, por vezes, incoerente e contraditório. O mesmo acontece com o outro. Por isso, para perdoar, é preciso ter uma atitude acolhedora e madura de liberar a si mesmo e ao outro de tantas exigências. Só perdoa o outro quem se perdoa também.

Perdoar-se a si mesmo é liberar-se das expectativas que nutrimos em relação a nós mesmos no mais profundo do coração. Aceitar-se humano e imperfeito é libertador. Essa autoaceitação não implica conivência ou conformismo. Antes, revela-se como relação pacífica com a sua natureza real e com o acolhimento do que é momentaneamente possível no processo de autoaceitação e autossuperação.

Quem se aceita como é permite que o melhor de si mesmo aflore, e trabalha para ser a melhor versão possível de si mesmo em cada fase da vida.

Frequentemente, vejo pessoas que cultivam alguma espiritualidade angustiadas na tentativa de ser melhores a cada dia. "Melhor" é um conceito que inclui um julgamento e uma comparação com algo que é considerado pior.

O desejo de ser melhor esconde uma briga com a realidade, como se ela fosse permanentemente má e necessitássemos, permanentemente, ser transformados e bons.

O que precisamos na vida não é ser melhores a cada dia. Melhorar é expandir, e isso é lei natural, é consequência, embora esta também inclua em si mesma os movimentos de expansão e retração como forças complementares e sequentes. Tudo que nasce, morre; tudo que cresce, cai; tudo que se expande, retrai. Trata-se de forças naturais.

O que precisamos é amar o presente e viver nele com inteireza e centramento, usufruindo com alegria daquilo que já foi conquistado e trabalhando pelo que sonhamos. Amar o presente é acolher-se a si mesmo, libertando-se das expectativas de ser melhor. É ser o mais inteiro de si, no agora.

Quem vive o presente com entrega trabalha hoje no que necessita expandir e conquistar, e isso acontece com naturalidade. E quem briga com o presente, considerando-o pior ou menos adequado, desconecta-se da realidade e não usufrui da grandeza do que o agora pode proporcionar.

O perdoar-se a si mesmo é uma decisão pela paz consigo e com a vida.

Quando o baú das expectativas é esvaziado, ele pode ser preenchido com a alegria que o real proporciona, com o autoamor e a inteireza de uma realidade humana, comum e imperfeita.

Quem perdoa assume o protagonismo da própria vida e deixa de ser vítima do que o outro lhe fez ou intencionou, tornando-se senhor e autor de sua paz interior.

A MÁGOA É O BAÚ DAS EXPECTATIVAS NÃO ATENDIDAS E CRISTALIZADAS. ELAS SE MANTÊM ENQUANTO SÃO NUTRIDAS E CULTIVADAS.

O PERDÃO É A DECISÃO PELA PAZ E PELA LIBERTAÇÃO DO VENENO DA EXIGÊNCIA GUARDADO NO CORAÇÃO.

ASSUMIR AS CULPAS E SEGUIR ADIANTE

21

A PRINCIPAL E MAIS GRAVE PUNIÇÃO PARA QUEM COMETEU UMA CULPA ESTÁ EM SENTIR-SE CULPADO.

»SÊNECA

A CULPA É UMA EXPERIÊNCIA HUMANA NAtural e inevitável. Diz respeito às nossas responsabilidades e competências.

O desejo de se esquivar das culpas e negá-las traz grande sofrimento e produz muitas experiências dolorosas devido à repressão dos sentimentos, à negação das responsabilidades e à fuga dos deveres.

A culpa não é um sentimento que surge somente quando fazemos algo que fere alguém. Ela é natural diante de tudo que recebemos do outro e da pressão que sentimos, na alma, para retribuir ou fazer valer aquilo que nos é dado.

Bert Hellinger comenta:

> Existe na alma uma profunda necessidade de livrar-se da culpa. Uma necessidade muito profunda. Muitos problemas surgem quando pensamos que seria possível nos esquivarmos à culpa. Mas isso não é possível. Começa com algo bem simples, por exemplo, reconhecendo que se vive à custa de outros.
>
> Pensem sobre o que nossos pais fizeram por nós, começando com a gravidez da mãe, o nascimento e os riscos que assumiu, nesse cuidado e preocupação anos a fio, não é fácil encarar e ver o que isso tudo significa para cada um de nós. Então, alguns se esquivam da culpa, aqui, no sentido de transformar a culpa em obrigação do outro e se tornam duros perante os pais. Fazem reivindicações e talvez se sintam grandes e superiores. Isso tudo é defesa contra essa culpa.

> [...] Outro ponto é que vivemos à custa de outros e, aliás, só podemos viver desse modo. E também precisamos saber que outros vivem à nossa custa de várias maneiras e que também estamos enredados aí, em seus emaranhamentos e, ainda, que se exige de nós que soframos por algo pelo qual, no fundo, não somos culpados. Isto é, que soframos por algo que os outros nos infligiram, e estes se tornam culpados em relação a nós.
>
> Entretanto, quando temos isso em vista e tudo aquilo que vem ao nosso encontro – o de estarmos emaranhados nessa alternância de culpa e inocência, de dar e receber, de ser exigido – então podemos nos submeter a isso da maneira que der e vier.[14]

Essa culpa decorrente da vida de relação nos move na direção das realizações quando a assumimos com maturidade. O filho que respeita o que os pais lhe dão honra a oportunidade que recebe. O esposo ou a esposa que respeita aquilo que lhe é ofertado, equilibra, com alegria. O amigo ou colega de serviço que é grato ao que lhe é ensinado ou disponibilizado, aprende e retribui com respeito.

Um movimento fundamental e que gera culpa é a saída de casa em direção ao próprio destino. Muitos filhos sentem que estão deixando os pais para trás, abandonando-os, sobretudo quando a ordem está invertida. É que a consciência da grandeza do que foi ofertado exerce

---

14. Bert Hellinger. *A fonte não precisa perguntar o caminho.* Atman.

pressão para que lhes agradeçamos. Não é possível anular essa culpa; a tentativa de negá-la promove exigências e ingratidão.

Então, o que é que o filho faz nessa condição? Segue com a culpa, caminha com ela, com gratidão, e faz o seu melhor para passar adiante aquilo que lhe foi dado.

Em filmes de guerra, vemos os filhos de grandes senhores de terras se distanciarem dos pais para irem lutar em alguma missão, após anos de treinamento e cuidado. Após um tempo, eles retornam com o fruto de seu trabalho, de sua conquista e de seu esforço e o depositam aos pés dos pais, ajoelhados, como símbolo de gratidão e testemunho do bom aproveitamento daquilo que lhes foi dado.

Assim fazem os filhos: seguem para a vida, e a própria vida, a alegria e a satisfação consigo e com seus filhos serão os testemunhos de bom aproveitamento do que lhes foi dado e a marca de sua gratidão, que flui passando adiante a vida e todas as suas bênçãos, honradamente.

Essa, naturalmente, é a boa culpa. Há, no entanto, a má culpa.

A má culpa é um peso que se carrega na alma, que intoxica e impede as realizações exitosas na vida. Ela pode ser decorrente de uma falsa interpretação da vida, de crenças negativas, de deveres assumidos indevidamente. Esse tipo de culpa gera autopunição, restrição da alegria e do prazer na vida, além de sofrimento desnecessário. Nesse caso, a renovação das ideias e das crenças promove alívio e paz, e ela requer um mergulho interior que permita a expansão da consciência e a tomada de decisão.

Muitas crenças são mantidas porque pertencem à família de origem. Mudar, agir de forma diferente, pode provocar a exclusão do grupo familiar, e esse é o nosso maior temor secreto. Para que possamos ser diferentes, precisamos olhar com amor para a família, para o nosso amor por ela e para o dela por nós, e pedir a sua bênção no coração para que o nosso destino possa ser mais leve.

Mulheres e homens que vêm de famílias cujos antepassados viveram relacionamentos complexos, traições conjugais, abandonos, dores e lutas só caminham para um destino mais leve quando enfrentam a culpa de ser diferentes e olham com amor para os que os antecederam.

Quando se trata da culpa decorrente de faltas reais, então o caminho é enfrentar a responsabilidade e caminhar para a reparação possível. Assumir a responsabilidade ou a corresponsabilidade diante dos conflitos da vida promove renovação. Essa também é uma boa culpa. Já a culpa que fica presa na lamentação, não promove crescimento e gera tormenta interior.

A boa culpa é renovadora porque promove a mudança de postura sustentada pelo amor e pelo compromisso consigo mesmo e com o outro. Para transformar a má culpa em boa culpa é necessário perdoar-se, acolher a própria humanidade e ter coragem para assumir a sua parte no jogo das responsabilidades individuais.

A culpa pode se manifestar como remorso ou arrependimento. O remorso é filho do orgulho e não permite que aquele que o sente recomece. Ele se autopune orgulhosamente, pois não pode errar. Já o arrependimento é filho da humildade e determina o recomeço na direção da reparação.

Bert Hellinger afirma, em uma excelente imagem, que o remorso é como o náufrago que após o naufrágio permanece prisioneiro dos destroços e se recusa a subir no bote salva-vidas. Já o arrependimento é a atitude de subir no bote, buscar a terra firme e cuidar dos efeitos do naufrágio com responsabilidade e autoamor.

Como transformar o remorso em arrependimento? Aceitando-se humano, imperfeito e comum com humildade. Essa é uma atitude decisiva e libertadora a qual temos sinalizado em toda esta obra como um caminho de paz diante de inúmeros conflitos interiores.

Somente as pessoas comuns e imperfeitas erram e acertam, caem e se levantam, perdoam e são perdoadas. As pessoas que se consideram especiais e ditas perfeitas, não. Estas se mantêm permanente e arrogantemente magoadas ou culpadas, feridas ou deprimidas em função de suas responsabilidades.

Os comuns assumem culpas, pedem perdão, olham com compaixão para o outro e seguem adiante.

Ser comum é libertador.

Diante do término de um relacionamento, por exemplo, é necessário aceitar-se comum para poder seguir adiante, reconciliado e verdadeiramente livre para uma nova fase ou um novo amor.

Perguntaram a Bert Hellinger qual era, na opinião dele, a melhor e mais saudável forma de terminar um relacionamento. Ele respondeu:

> Esta é uma pergunta importante. Tenho para isso um procedimento modelo. O primeiro ponto seria não procurar pela culpa, como se algo fosse depender da boa ou da má vontade

de cada um. [...] O luto possibilita a separação, simplesmente a dor de não terem conseguido possibilita a separação. Então não existem mais acusações, apenas dor. Através da dor podem se separar, mas podem se encontrar mais uma vez e se olhar nos olhos. Então o homem diz à mulher: "Eu amei você muito e você me deu muito. Mantenho isso com amor e respeito. Também dei muito e você pode mantê-lo e respeitá-lo e lembrar disso com amor". Depois o homem diz à mulher e a mulher ao homem: "Assumo a minha parte da responsabilidade por aquilo que não deu certo entre nós dois e deixo você com a sua parte. E agora deixo você em paz". Este é um modelo para uma separação amorosa.[15]

Quando cada pessoa assume a sua parte e se responsabiliza por sua vida, então pode ser verdadeiramente livre. Quem não assume a sua parte e permanece magoado ou se magoando, cultiva as expectativas e segue projetando as suas responsabilidades no outro.

Diante do reconhecimento das culpas reais que carregamos, é necessário perceber que o movimento libertador consiste em duas etapas: a primeira envolve a percepção da culpa, e a segunda, a necessidade de reparação.

Na primeira etapa é muito comum que se peça perdão ao outro. No entanto, perdoar ou não é uma decisão que compete ao outro diante da mágoa que também é de sua corresponsabilidade. Mais útil que dizer "me perdoe" é dizer "sinto muito". Quando pedimos perdão a quem ferimos, sobrecarregamos a pessoa com a demanda de

---

15. Bert Hellinger. *Amor à segunda vista*. Atman.

metabolizar a agressão e com a necessidade de perdoar. Quando dizemos "sinto muito", a responsabilidade de fazer algo é de quem sente. Quem sente, portanto, é responsável por se autoperdoar e seguir adiante, fazendo algo para se liberar da culpa por meio da reparação.

Se o outro o perdoar, melhor ainda. Um passo além.

A reparação é o benefício ofertado diretamente a quem foi ferido, quando isso é possível, ou indiretamente em seu nome, quando não é mais possível beneficiá-lo.

Muita gente crê que reparação é um ato físico que se faz pelo outro. Mas, frequentemente, a única reparação necessária é reconhecer o valor do outro e do amor que atua naquela relação. Quando o amor pode ter lugar nos corações, a reconciliação é possível. Esta não significa voltar a se relacionar ou a estar junto, necessariamente, já que isso depende de muitas variáveis.

Reconciliar significa dar um lugar de amor no coração a tudo e a todos que são importantes, e dar importância a quem ela habitualmente não é dada, ou reconhecimento a quem ele é negado, com respeito.

Quem segue reconciliado consigo mesmo e com o outro, assume suas culpas, aceita-se comum e imperfeito, dedica-se a reconhecer o próprio valor e o dos outros com um lugar de amor no coração a todos, segue inteiro e apto a novas e mais amplas experiências de amor.

SOMENTE AS PESSOAS COMUNS E IMPERFEITAS ERRAM E ACERTAM, CAEM E SE LEVANTAM, PERDOAM E SÃO PERDOADAS. AS PESSOAS QUE SE CONSIDERAM ESPECIAIS E DITAS PERFEITAS, NÃO. ESTAS SE MANTÊM PERMANENTE E ARROGANTEMENTE MAGOADAS OU CULPADAS, FERIDAS OU DEPRIMIDAS EM FUNÇÃO DE SUAS RESPONSABILIDADES.

ATITUDE DE CONTEMPLAÇÃO

22

NÃO ACUSO. NEM PERDOO.
NADA SEI. DE NADA.
CONTEMPLO.

»CECÍLIA MEIRELES

CONTEMPLAR É FAZER SILÊNCIO INTERIOR
para perceber a si mesmo.

Há movimentos interiores e sentimentos que só são reconhecidos na quietude e no centramento.

A intimidade humana pode ser comparada ao mar que, em sua imensidão, oculta centenas de milhares de vidas. Quando as águas estão calmas e claras é possível visualizar o seu interior até uma profundidade considerável, e reconhecer as vidas marinhas e sua diversidade. No entanto, quando as águas estão revoltas e turvas, nada se revela.

O mesmo acontece conosco. A agitação, o aceleramento e a ansiedade da vida moderna nos colocam permanentemente inquietos. E a inquietude não permite a percepção mais rica de nós mesmos, com o reconhecimento daquilo que nos habita o interior.

A velocidade avassaladora das comunicações e dos meios pelos quais recebemos informações impõem um ritmo alucinado de percepções e respostas que não pode ser acompanhado internamente com saúde. Há que se dar tempo para as metabolizações das emoções e dos sentimentos.

Não se deve apressar o desabrochar de uma flor; deve-se nutrir a raiz e aguardar o tempo certo da maturidade.

Contemplar é uma necessidade urgente do ser humano moderno. É preciso parar para sentir, para perceber o que se deseja, o que verdadeiramente é necessário, o que se sente, o que é possível.

Há processos internos que são cognitivos, que requerem que compreendamos e saibamos do que tratam. Já outros são afetivos, requerem que sintamos, mesmo sem os compreender. E há aqueles que são da alma e não podem ser descritos com palavras.

Há alguns anos, fui com alguns amigos a Bad Reichenhall, na Alemanha, fazer um treinamento internacional com o maior desenvolvedor das constelações familiares, Bert Hellinger. Tivemos um dia livre e, como o dia estava ensolarado e calmo, resolvemos passear pelas montanhas daquela lindíssima região.

Ao chegarmos ao topo de uma montanha, vislumbramos a paisagem com outras montanhas, vales, pequenas construções, flores, animais, plantações, tudo muito organizado e bonito. Lembro-me de termos decidido, eu e uma amiga muito querida, Letícia Talarico, assentar-nos e contemplar.

Ficamos por mais de uma hora naquele local, em silêncio, apenas alimentando o coração. Não havia nada a ser dito mas, ao mesmo tempo, partilhamos algo grandioso um com o outro que foi também comungado com vários, em outro nível.

A beleza nos preenchia com a estesia e com o silêncio que eram interrompidos somente pelo barulho do vento e dos animais, que nos enchiam de paz interior.

A contemplação da beleza exterior nos remeteu à beleza interior.

Quando foi suficiente, olhamo-nos e nos levantamos. Permanecemos silenciosos, guardando a magia daquele local que despertou algo profundo em nós.

Às vezes, temos oportunidade de ver uma paisagem externa de tal riqueza que ela acaba nos ajudando a nos conectarmos conosco. Mas nem sempre isso é possível.

Também, a atitude de contemplação não depende exclusivamente disso; ela é uma postura que pode ser vivenciada em qualquer lugar, mesmo em meio à multidão.

Inúmeras vezes já parei no meio de uma atividade ou de um evento, fechei os olhos, fiz silêncio interior e me conectei comigo mesmo para perceber algo ou analisar o que sentia diante de uma circunstância ou de um acontecimento.

A oração e a meditação são formas de contemplação, em sua essência. Aqueles que meditam se esvaziam, concentrando-se na respiração ou no corpo para se desconectarem do ambiente e se permitirem um outro nível de conexão interior.

Para mim, a melhor forma de meditação e contemplação sempre foi a oração. Como tenho uma profunda espiritualidade e a cultivo diariamente, sempre me abasteço da força da oração sincera, como Jesus a ensinou:

> Mas tu, quando orares, entra no teu aposento e, fechando a tua porta, ora a teu Pai que está em secreto; e teu Pai, que vê em secreto, te recompensará publicamente.
>
> E, orando, não useis de vãs repetições, como os gentios, que pensam que por muito falarem serão ouvidos.
>
> Não vos assemelheis, pois, a eles; porque vosso Pai sabe o que vos é necessário, antes de vós lho pedirdes.

Essa forma de oração é uma contemplação interna. Não é feita de muito falar nem da necessidade de muito ouvir. É uma conexão que produz força porque vem da essência.

Certa vez, perguntaram à Madre Teresa de Calcutá: "Madre, como oras?". Ela respondeu: "Eu, quando oro, entro para dentro de mim e faço silêncio para ouvir a Deus". Então, questionaram: "E o que Deus lhe diz, Madre?". Ela, então, declarou: "Quando Deus me vê em silêncio para ouvi-Lo, Ele também faz silêncio para me ouvir. E de silêncio para silêncio tudo é dito e nada necessita ser falado".

Essa é a contemplação da alma: o silêncio interior que abastece. Para alcançar esse nível é preciso calar a mente.

O primeiro passo é contemplar os pensamentos, percebendo-os e os deixando ir. Há uma técnica de *mindfulness* que se chama "Oi, obrigado, tchau". Ela nos propõe que, ao entrarmos em estado de contemplação interior, meditação ou oração, acolhamos os pensamentos que aflorem em turbilhão ou agitação interior. Costumeiramente, nós os julgamos ou reagimos a eles, reprimindo-os e tentando excluí-los. Quanto mais fazemos isso, mais pensamentos aparecem.

O *mindfulness* propõe que sigamos as três etapas de liberação interior:

OI
Eu acolho este pensamento e o reconheço, tal qual é, sem resistência.

OBRIGADO
Eu o agradeço por aquilo que tem a me dar e por aquilo que traz, sem alimentá-lo e sem brigar com ele.

TCHAU

Eu o deixo ir com a mesma espontaneidade com que veio, liberando-o.

Essas ações produzem paz interior e, em essência, são os mesmos movimentos que necessitamos em relação à vida e dos quais falamos em capítulos anteriores: acolhimento, aceitação, foco no real e no presente, liberação.

A atitude de contemplação produz calma interior, e essa calma é um movimento em si mesmo. Ao vivenciá-la, permitimos que algo se mova em nós, e em outra direção.

Contemplar é acessar o divino que há em si mesmo. Trata-se de uma forma de comunhão com Deus que não necessita de crença específica. Pode ser usada no contexto de uma espiritualidade que caminha por determinada religiosidade ou pode ser vivenciada como uma espiritualidade íntima, própria, pessoal e desconectada de um credo religioso.

Contemplar é unir mente e coração em um só propósito na busca da inteireza que desfaz a separatividade e a fragmentação interior.

Um bom exercício de contemplação, também, é o de olhar-se no espelho, nos olhos, com ternura. Os olhos são janelas da alma. Ao contemplá-los, acessamos respeitosamente nossa intimidade, permitindo que a alma se expresse.

Um exercício de autoamor que sugiro a meus pacientes e clientes é exatamente este: olhar para si mesmo com amorosidade, com o compromisso de admirar o que há em si. Admirar a beleza, o que já foi possível, o que são conquistas e vitórias. E, do mesmo modo, amar o que é sombrio, oculto, vergonhoso, criticável, considerado negativo ou pecaminoso.

A contemplação guiada pelo autoamor promove paz na aceitação de si mesmo. Pode ser feita em etapas, acolhendo os pensamentos e deixando-os ir, sem briga interior. Trata-se de uma rendição ao amor.

Como um lago, a nossa intimidade aguarda o mergulho interior que nos permite conhecê-la, descobri-la, senti-la. Mas, assim como fazemos nos instantes de diversão, muitas vezes só é preciso viver a alegria de desfrutar o prazer da água, sem a preocupação de mergulhar muito fundo.

Pertence também à atitude de contemplação a alegria da entrega e de deixar-se conduzir pelo mundo interno, pelos panoramas e percepções que alimentam o coração.

A contemplação é esse movimento de mergulho e usufruto que produz paz.

CONTEMPLAR É ACESSAR O DIVINO QUE HÁ EM SI MESMO. TRATA-SE DE UMA FORMA DE COMUNHÃO COM DEUS QUE NÃO NECESSITA DE CRENÇA ESPECÍFICA.

CONTEMPLAR É UNIR MENTE E CORAÇÃO EM UM SÓ PROPÓSITO NA BUSCA DA INTEIREZA QUE DESFAZ A SEPARATIVIDADE E A FRAGMENTAÇÃO INTERIOR.

ATITUDE DE PACIÊNCIA: A ESPERA ATIVA

TUDO TEM O SEU TEMPO DETERMINADO, E HÁ TEMPO PARA TODO O PROPÓSITO DEBAIXO DO CÉU.
HÁ TEMPO DE NASCER, E TEMPO DE MORRER; TEMPO DE PLANTAR, E TEMPO DE ARRANCAR O QUE SE PLANTOU;
TEMPO DE MATAR, E TEMPO DE CURAR; TEMPO DE DERRUBAR, E TEMPO DE EDIFICAR;
TEMPO DE CHORAR, E TEMPO DE RIR; TEMPO DE PRANTEAR, E TEMPO DE DANÇAR;
TEMPO DE ESPALHAR PEDRAS, E TEMPO DE AJUNTAR PEDRAS; TEMPO DE ABRAÇAR, E TEMPO DE AFASTAR-SE DE ABRAÇAR;
TEMPO DE BUSCAR, E TEMPO DE PERDER; TEMPO DE GUARDAR, E TEMPO DE LANÇAR FORA;
TEMPO DE RASGAR, E TEMPO DE COSER; TEMPO DE ESTAR CALADO, E TEMPO DE FALAR;
TEMPO DE AMAR, E TEMPO DE ODIAR; TEMPO DE GUERRA, E TEMPO DE PAZ.

» ECLESIASTES, 3:1 A 8

A ANSIEDADE É UM DOS SINTOMAS MEN- tais e emocionais mais experimentados pelo ser humano na atualidade. Na psiquiatria, é a doença mental mais prevalente. A segunda é a depressão.

O depressivo está, muito frequentemente, apegado ao passado. Já o ansioso está sempre projetando o futuro, olhando para o que deseja e o que está por vir, vivendo fantasias sem fim. Sua vontade é antecipar o futuro e vivê-lo aqui e agora, mas, ao fazer isso, ele se desconecta do presente e não vive o instante que passa.

A ansiedade excessiva é a manifestação da falta de confiança na vida e da desconexão com a realidade. Falta de confiança porque o ansioso está sempre tentando antecipar os acontecimentos, sem entrega e sem esperança. O medo do que pode acontecer antecipa e realiza o que é temido. A desconfiança e a desesperança materializam as dificuldades. Desconexão da realidade porque, ao tentar controlar a vida, ele não se dá conta da riqueza do real como este se mostra, tentando sempre alterá-lo para o que é desejado. O apego ao desejo é uma das maiores escravidões que podemos viver; é quando fantasiamos que o eu pode controlar a vida e que esta deve atender aos nossos interesses.

A paciência é a ciência da paz. Paz em relação a nós mesmos, como somos ou estamos, com a vida como ela é, com as pessoas como elas são ou estão e com a realidade como pode ser. Ela nutre a vida de força e de estímulo ao crescimento.

A atitude de paciência é muito confundida com passividade ou com resignação passiva, mas está muito longe de ser qualquer uma das duas. Aguardar não significa não agir, significa apenas respeitar o tempo certo de cada coisa na percepção dos sinais exatos do que deve ser feito.

Quem espera com paciência faz o que é preciso agora, e segue o fluxo de cada momento atuando conforme ele demanda.

O desejo de controle leva à tentativa de precipitação dos ciclos, mas há um tempo determinado para cada coisa debaixo do céu, conforme cita a poesia no livro bíblico do Eclesiastes que abre este capítulo.

Não é por muito ser regada que a planta crescerá mais rápido. Muita água vai matá-la em vez de hidratá-la. É necessário respeitar o tempo de maturação, de crescimento e de desenvolvimento de tudo e todos.

Há um ditado popular que diz que "o apressado come cru". É óbvio e muito sabido que, quando aceleramos o cozimento de um alimento, nem ele é preparado adequadamente nem fica em sua melhor forma e com o seu melhor sabor. Muitas vezes, abortamos o crescimento de um bolo ao retirarmos o calor que o envolve, abrindo o forno antes da hora certa. O mesmo acontece com nossos movimentos interiores e com nossas relações.

A ansiedade, para acelerar os ciclos ou para retirar as lutas que envolvem o viver, muitas vezes mata as possibilidades de progresso e de construção duradoura.

A paciência é uma resignação ativa. Exercitá-la é se conformar com a realidade e trabalhar por aprimorá-la ou transformá-la. Não se luta contra a realidade, luta-se com o auxílio dela.

Para ser paciente é preciso estar centrado e em contato com o que nos alimenta de dentro, pois a serenidade para respeitar o tempo de cada pessoa ou os ciclos naturais da vida vem da conexão interna com as nossas fontes pessoais de força e poder.

A angústia para transformar o outro ou acelerar o seu amadurecimento é um sinal da falta de apropriação de si mesmo. Quanto maior o distanciamento de si, maior a vontade de adequar o outro ao próprio desejo.

A atitude de paciência em relação ao outro é um reflexo natural da paciência que experimentamos em relação a nós mesmos. A primeira necessidade é acolher os nossos tempos interiores. Nós também somos natureza. Também temos as quatro estações bem marcadas em nós.

Vivemos a interiorização do inverno, a florescência da primavera, o calor interno do verão e a maturação do outono.

Quem no inverno quer viver um verão – ou vice-versa –, violenta a si mesmo

Quando vivemos as várias emoções naturais, por exemplo, há um tempo para a metabolização e um tempo para a modificação dos efeitos naturais de cada uma delas.

O tempo do luto é o tempo da tristeza. Só depois das adaptações internas é que a alegria pode novamente aparecer, em nova fase de vida.

A paciência está diretamente ligada à compaixão.

Só espera o desenvolvimento de alguém quem o respeita e reconhece a sua força, pois só a compaixão pela humanidade do outro possibilita que se tolere as suas deficiências e limitações até que a maturidade sobrevenha.

Nesse momento, os pais me vêm à mente. Na criação dos filhos, eles necessitam ser profundamente pacientes, pois as conquistas vão sendo adquiridas passo a passo.

Seria justo se os genitores cobrassem dos bebês a autonomia das crianças? Ou exigissem dos pequenos a iniciativa da juventude? Cada fase tem as suas possibilidades e competências.

Então, a atitude de paciência leva os pais a alimentar, cuidar, nutrir, proteger e desenvolver as habilidades dos filhos até que eles atinjam aquele patamar almejado em que podem cuidar de si mesmos com autonomia e êxito.

Se os pais não exercitam a atitude de paciência e fazem tudo pelos filhos, sem deixá-los conquistar ou desenvolver-se, matam o broto da capacidade pessoal e da maturidade. Com isso, os filhos permanecem dependentes, inseguros e carentes de confiança em si mesmos e, geralmente, quando isso acontece, esperam que a vida os trate como seus pais os trataram; passam a esperar das parcerias amorosas, da profissão e da sociedade o cuidado paternalista que os compreenda sempre e que faça por eles o que é seu dever realizar. Permanecem vítimas e crianças, eternamente Peter Pan.

É na confiança dos pais na capacidade dos filhos e na oportunidade de eles caírem e se levantarem, sem serem recriminados cruelmente por isso, que desenvolvem, com o tempo, as competências pessoais.

Isso remete a algo que vivi com meu pai em minha adolescência. Havíamos nos mudado há pouco tempo para Belo Horizonte e eu vivia em uma capital pela primeira vez, após ter crescido no interior de Minas Gerais. Eu tinha 11 anos de idade e morávamos no centro da cidade.

Um sábado de manhã, um amigo me convidou para visitar a casa dele, que ficava do outro lado da cidade. Pedi a meu pai autorização para ir, e ele me perguntou tudo sobre o meu amigo, pois era, entre outras coisas, um pai previdente. Então, disse: "Pode ir, desde que você se comporte lá como se estivesse em sua própria casa e volte até tal hora". Alegrei-me e ele, então, apontou para o catálogo telefônico. Perguntei: " Por que você está apontando para o catálogo, pai?". Ele respondeu: "Ao final do catálogo há uma lista de linhas de ônibus da cidade, onde pegá-los e o trajeto que percorrem". Assim, ele me ensinou a andar de ônibus. Olhei para a chave do carro e olhei para ele, novamente para a chave, e novamente para ele. Ele apontou de novo o catálogo. E percebi, conhecendo-o bem, que ele não facilitaria para mim. Percebi que ele confiava em mim e me enchi de coragem. Fui e voltei na hora certa, não podia desapontá-lo.

Fico imaginando quanta paciência e confiança ele precisou ter naquele dia, em uma época em que não existiam telefones celulares, aguardando que eu voltasse para descobrir se o seu ato educacional havia sido bem-sucedido. E foi. O resultado disso é que hoje ando pelo mundo, em qualquer país ou lugar, com a certeza de que dou conta e de que sou capaz de ir e voltar em segurança. Tudo isso porque meu pai confiou em mim, com paciência.

Ter paciência pode também significar ser perseverante em relação a algo, como uma resposta, uma situação ou uma ação que aparentemente não tem previsão para se concretizar.

Perseverança é esperança e confiança em ação. Não há conquista sem perseverança.

A vida moderna traz dificuldades, sobretudo para os jovens das últimas gerações, como tolerar a frustração e persistir na manutenção dos esforços na direção das conquistas almejadas. Tão logo se frustram por não alcançarem o que desejam, mudam de objetivo ou desistem de si mesmos ou dos seus sonhos.

Toda vitória é feita de 1% de inspiração e 99% de transpiração. Nada cai do céu, como um presente. Tudo que é sólido e duradouro é construído ao longo de trajetórias humanas, imperfeitas, feitas de erros e acertos, tentativas e frustrações.

Perseverar, portanto, é insistir na confiança em si mesmo e na vida, mesmo quando tudo parece conspirar contra nós. Há conquistas que só vêm depois de testemunhos de vitória sobre si mesmo, e com dedicação e esforço pessoal. Naturalmente, há sempre uma linha tênue entre a perseverança útil e a teimosia obstinada que se recusa a perceber os sinais de que o caminho tem de ser mudado. O desafio está em saber diferenciar uma da outra.

Como fazer essa distinção? Aprendendo a ouvir os sinais interiores que nos falam, dentro do coração, aquilo que devemos fazer e que está conectado à nossa alma.

Cada pessoa tem sinalizações próprias. Como já relatei no início desta obra, aprendi a perceber que algo está conectado ao meu coração quando sinto uma serenidade e uma calma interiores que me enchem o peito. Esse sinal, para mim, é um forte marcador de que naquele caminho há força e presença da alma. Quando as sinto, persevero nos meus objetivos e intenções. E se surgem obstáculos ou desafios na jornada, semeando dúvidas sobre o caminho ou a forma como devo prosseguir, exercito a oração e a meditação como modos de conexão interior até ouvir o "sim" interno para a realização de algo ou para seguir em uma ou outra direção.

Se não percebo a manifestação desse "sim" interior, não tomo isso como um "não" definitivo. Apenas penso que ainda não é o momento, ou que a forma de fazer o que desejo não é a mais adequada. Então, aguardo o tempo certo, ativamente.

Para mim, que sou ariano com ascendente em áries, um hiperativo bem adaptado (acelero e acalmo com facilidade) que gosta dos movimentos rápidos, das realizações objetivas, sem procrastinação, isso é um grande desafio.

Tenho observado que, quando consigo aguardar esse "sim" interno, sinto mais serenidade e obtenho mais êxito naquilo que realizo. E vejo que o mesmo ocorre com aqueles cujos processos de autocura acompanho, como médico ou terapeuta.

A ATITUDE DE PACIÊNCIA É MUITO CONFUNDIDA COM PASSIVIDADE OU COM RESIGNAÇÃO PASSIVA, MAS ESTÁ MUITO LONGE DE SER QUALQUER UMA DAS DUAS. AGUARDAR NÃO SIGNIFICA NÃO AGIR, SIGNIFICA APENAS RESPEITAR O TEMPO CERTO DE CADA COISA NA PERCEPÇÃO DOS SINAIS EXATOS DO QUE DEVE SER FEITO.

ATITUDE DE HUMILDADE

24

O DINHEIRO FAZ HOMENS RICOS, O CONHECIMENTO FAZ HOMENS SÁBIOS E A HUMILDADE FAZ GRANDES HOMENS.

» MAHATMA GANDHI

UMA PESSOA HUMILDE É UMA PESSOA com os pés no chão.

A palavra "humildade" tem sua origem no grego antigo, e sua fonte foge um pouco do conceito que temos do termo. A palavra que originou "humildade" é *humus*, que significa "terra". Esse mesmo vocábulo da antiga Grécia também deu origem às palavras "homem" e "humanidade". Seus significados primários eram "terra fértil" e "criatura nascida da terra", mas o vocábulo se desenvolveu até chegar ao significado que conhecemos hoje. "Humilde", obviamente, tem a mesma origem em *humus* e vem do grego *humilis*, que significava literalmente "aquele/aquilo que fica no chão".

"Húmus", em nosso português, quer dizer "esterco", "nutriente", "fertilidade".

A atitude de humildade é um movimento que produz vida e se opõe à arrogância do falso poder pessoal, que é um movimento de morte. É um movimento de reconhecimento da nossa humanidade, com suas riquezas, fragilidades e vulnerabilidades.

Humildade é a qualidade de quem age com simplicidade, uma característica das pessoas que sabem assumir as suas responsabilidades sem arrogância, prepotência ou soberba.

A pessoa humilde não é necessariamente aquela que fala manso, baixo e não se destaca, nem aquela que vive na pobreza ou na simplicidade. Estas podem ou não ser humildes. A atitude de humildade faz do humilde alguém conectado com a vida na sua real condição, com os pés no chão, qualquer que seja a sua situação de vida.

Humildade é o reconhecimento de potencialidades, talentos e conquistas que estão sempre acompanhados de deficiências e limitações. Ser humilde é reconhecer quem se é e onde se está na vida, o que lhe é possível e o que lhe compete, com naturalidade.

A atitude de humildade faz com que a pessoa que aprofunda a autoconsciência se saiba comum e imperfeita sem se sentir melhor ou pior que as outras. Tanto o falso sentimento de grandeza quanto o ilusório sentimento de inferioridade são distorções da percepção real de si mesmo. Cada pessoa é única, uma expressão singular da união de seus pais e do amor de Deus no mundo, com talentos e grandeza próprios.

Humildade é florescer onde foi plantado, fazendo desabrochar as suas flores e exalando os seus perfumes.

Quem perde seu tempo referenciando-se nos outros, em suas conquistas ou virtudes que podem ser verdadeiras ou falsas, não se descobre nem se enche da alegria de amar a sua singularidade.

Humildade é amar a sua natureza e descobri-la à medida que a desenvolve e a aprimora.

Quando observamos as pessoas de maior sucesso em qualquer área da vida, notamos algo comum que as identifica e as une: elas valorizam em si algo particular que as faz únicas – uma ideia, um talento, um humor, uma inteligência, uma capacidade de conexão ou de cooperação, uma flexibilidade, uma sensibilidade de percepção ou de liderança. Essas pessoas não se limitam na comparação com outras, elas constroem o seu protagonismo na vida a partir da valorização de algo particular.

A atitude de humildade não exige aprovação do outro nem se abala com a crítica alheia.

Lembro-me de ter visto uma postagem no Facebook feita por um rapaz bastante jovem, camelô, com uma legenda que acompanhava a sua foto em frente a uma banca de frutas. Ele dizia algo assim: "A mina passou e perguntou se eu não tinha vergonha de vender fruta na rua. Vergonha eu teria se estivesse matando ou roubando. Eu estou trabalhando. Tudo o que eu quero é dar orgulho aos meus pais. O resto é mato".

Sim, ele tem razão. Sua atitude de humildade reconhece o valor do essencial. Tudo que importa é que ele, filho, seja uma continuidade honrada dos seus pais. O resto é resto, é mato, como ele diz, não tem valor.

Tanto a crítica alheia a nosso respeito quanto o aplauso do outro são narcóticos embriagadores e enganadores. Ao criticar ou aplaudir, cada um fala mais de si do que fala daquilo que é avaliado. Certamente, tanto um quanto o outro tem lugar e importância em nossa vida, mas nenhum deles deve definir a nossa autoestima.

O valor pessoal não é dado pela opinião de terceiros a nosso respeito, é construído e descoberto no desenvolvimento da nossa relação de amor com nossas unicidade e particularidade.

A pessoa humilde sempre reconhece a própria pequenez, não importando quão desenvolvida esteja ou quão longe tenha chegado. "Só sei que nada sei", dizia Sócrates no auge de sua sabedoria. Não é que ele alegasse ignorância, muito pelo contrário. Ele se reconhecia filósofo e alguém que tinha uma visão da vida bastante ampla e profunda. No entanto, quanto mais ele percebia a vida e sua riqueza, mais se dava conta de que a ignorância ultrapassa o saber e que o universo daquilo que é desconhecido é infinitamente maior que o do que é sabido.

A atitude de humildade leva a pessoa à flexibilidade e ao questionamento de suas certezas. "Penso isso, mas pode ser aquilo ou ainda algo diferente que não me ocorre".

Tenho convivido com pessoas que vivem a humildade como conquista natural e fico sempre impactado com a leveza de suas interpretações e análises da vida. São pessoas focadas no que há de positivo em si mesmas, nos outros e nos movimentos coletivos. Raramente criticam, salvo nos momentos em que isso se faz verdadeiramente necessário. Em geral, elas se calam quando não há algo positivo a ser ressaltado sobre algum fato ou sobre alguém. Esforçam-se para realçar a grandeza de cada pessoa. Não atribuem a si mesmas méritos nem capacidades especiais e evitam o destaque que as coloque em evidência ou em condição de superioridade, ainda que desempenhem esse papel. Dividem louros de vitórias e são gratas a quem está ao seu lado. Essa atitude de humildade está intimamente associada à gratidão. O humilde não exige; antes, agradece e se alegra com o que é ofertado.

Retorno aqui ao conceito original da palavra humildade – *humus* – e penso sobre o esterco que torna a terra ainda mais fértil quando queremos plantar algo. Ele é feito de estrume. A sua capacidade nutritiva vem daquilo que consideramos descartável, repugnante, rejeitado. O estrume é a sobra de uma digestão, um conjunto de elementos descartados por serem desnecessários, mas que se convertem, posteriormente, em algo extremamente útil.

Nesse sentido, podemos também pensar na atitude de humildade como o movimento que nasce do acolhimento de tudo aquilo que é sombrio, rejeitado, renegado, criticado ou excluído em nós.

Quem se esforça por acolher a sua sombra se torna naturalmente mais compassivo e amoroso, como já mencionamos em capítulos anteriores. Essa compaixão e essa ternura nascem da atitude de humildade que decorre do reconhecimento de que nós somos um mosaico de beleza e feiura, erros e acertos, quedas e recomeços em uma trajetória humana, imperfeita e comum.

Os instantes de vulnerabilidade que vivemos nos levam, naturalmente, a desenvolver a atitude de humildade. Reconhecemos na insuficiência que precisamos do outro e que somos parte de um todo.

No Evangelho de Lucas há um belo relato de uma pessoa de fé. Trata-se de um centurião romano que, diante da enfermidade de alguém que amava, reconhece a sua incompetência e busca ajuda de outra pessoa em quem reconhece poder. Embora dotado de um poder político que lhe permitiria impor-se, ele se aproxima de Jesus, humilde, e diz: "Senhor, eu não sou digno de que entres em minha casa; mas ordena com a tua palavra, e o meu empregado ficará curado" (Lucas, 7:6-7).

[...] Podemos imaginar o que significou para aquele centurião romano o gesto de ter que acudir a alguém do povo a quem dominava, buscando a cura de seu empregado. Teve de superar muitas barreiras e impedimentos e esvaziar-se de seu orgulho e amor-próprio para realizar aquele gesto humilde de solicitar ajuda a um judeu [povo que era considerado, então, inferior].[16]

A atitude de humildade nos leva a pedir ajuda com simplicidade, sem imposição.

A humildade é uma forma de oração. Nela, colocamo-nos no lugar daqueles que estão permanentemente abertos para receber, aprender e deixar-se expandir e preencher-se de algo novo, como a espiritualidade genuína na conexão com Deus.

O padre Adroaldo Palaoro comenta que:

Só admitindo nossa própria fragilidade e limite e descendo ao fundo de nossa realidade, podemos retornar transformados e com abundantes riquezas descobertas no garimpo do nosso coração. O caminho de descida ao nosso próprio 'húmus', à nossa própria condição terrena onde Deus plantou sua tenda, nos revela quem realmente somos, nos preserva de considerarmos como "deuses" e nos liberta do orgulho e do autocentramento que nos destroem.

---

16. Padre Adroaldo Palaoro, SJ. "Humildade: andar na verdade". *Centro Loyola*, s/d. Disponível em: <https://centroloyola.org. br/revista/outras-palavras/espiritualidade/humildade-andar-na-verdade>. Acesso em: 9 jun. 2024.

[...]

A humildade é o polo terreno em nossa caminhada espiritual. Para permitir que Deus atue nas profundezas de nosso ser, faz-se necessário o autoesvaziamento, para ser preenchido por Sua presença. Agora, sim, podemos escutar a voz de Deus e sentir a Sua presença em nosso próprio coração, em nossos sonhos e desejos, em nossas paixões, em nosso corpo e nossos sentimentos.[17]

---

17. Idem.

HUMILDADE É AMAR A SUA NATUREZA E DESCOBRI-LA À MEDIDA QUE A DESENVOLVE E A APRIMORA.

ENTENDER
x
PERCEBER

25

SE FOSSE POSSÍVEL EXPLICAR-TE TUDO,
NÃO PRECISARIAS DE PERCEBER NADA.

»AGOSTINHO SILVA

CADA PESSOA REAGE DE UMA DETERMI-
nada maneira à vida, de acordo com seu temperamento e suas habilidades.

Há pessoas que são emocionais e têm o sentimento como guia principal. Já outras, são racionais e refletem sobre tudo o tempo todo. Ambas as habilidades, sentir e pensar, são essenciais à vida e devem ser integradas ao nosso dia a dia.

Algumas pessoas têm dificuldade em determinar o que sentem diante de certas coisas, e vivem de acordo com os sentimentos alheios. Outras, têm momentânea inabilidade para definir um pensamento próprio e vivem como um reflexo das crenças de outros.

O trabalho da individuação requer que reconheçamos nossa unicidade e que a desenvolvamos de forma autêntica e harmônica com o meio no qual vivemos, integrando as habilidades de sentir e refletir sobre nós mesmos e sobre o mundo.

Ao termos um conflito íntimo ou um problema, vivemos alguns desafios de postura interna. Um deles, muito importante, é decidir se sofremos ou se solucionamos. Certamente, o caminho da solução não é isento de dor, no entanto, o sofrimento é distinto dela. Dor é natural, sofrimento é opcional. Isso porque o sofrimento é a interpretação da dor. Portanto, a escolha por sofrer implica permanecer aprisionado em ideias, crenças ou desejos que transformam a dor em sofrimento. Já a escolha pela solução demanda disposição interior para adaptar-se, transformar-se e mover-se na direção do que é necessário.

Algumas soluções requerem que compreendamos o que aconteceu, o que se passa em nós e o que é preciso ser feito. O entendimento é uma ferramenta poderosa, e é exatamente por isso que parte do processo educacional consiste em nos fornecer elementos de compreensão da vida. No entanto, ele não basta e, por vezes, pode ser uma grande prisão. Isso acontece quando o entendimento das circunstâncias não nos move na direção das atitudes libertadoras que trazem paz.

Durante *workshops* de constelação as pessoas costumam trazer seus conflitos relacionais ou dores e, ao serem questionadas sobre seus temas, afirmam que querem entender o que se passa. E então, após elas relatarem seu drama individual, eu dou a elas uma explicação bem rápida e sucinta da teoria e lhes digo: "– Então é isso, tudo de bom para você. Elas, então, ficam me olhando, estupefatas ou desapontadas, e eu pergunto a elas: "– Vocês não queriam só entender, já está explicado." E acrescento: "– Eu também me sinto frustrado, achei que você queria perceber o que pode levar às soluções ou às transformações." Então a pessoa sorri e diz: "– Sim, eu quero a ajuda que me leve à percepção dos possíveis caminhos de movimento e cura interior."

É que entender é barato, basta desejo, não requer esforço interior. Já solucionar custa caro, requer decisão, mudança de postura, flexibilidade e movimentos de inclusão, aceitação, reconciliação... Por isso, muitas pessoas preferem permanecer magoadas a perdoar; ser vítimas a empoderar-se; continuar traumatizadas em vez de se libertarem.

Solucionar tem um alto preço: o da responsabilização pessoal diante da vida. E isso requer percepção das posturas que trazem paz e das possibilidades interiores de ressignificação.

Tenho visto pessoas que fazem terapia e se transformam em versões mais amplas e mais ricas de si mesmas, empoderando-se e assumindo novas posturas nos relacionamentos e na vida. Já outras fazem terapia por anos, tiveram acesso à mesma riqueza de oportunidades, mas permanecem rodando em círculos, paradas no mesmo lugar interior e na vida, *experts* em explicar o seu problema sem se libertar do sofrimento ou dos motivos que geram as lamentações.

A imagem que tenho dessas pessoas nesses momentos é a de prisioneiros que sabem explicar com riqueza de detalhes por que estão na prisão, como chegaram até ali, como é a cela em que estão confinados, quantas são as barras que os limitam... E, mesmo com a porta aberta, não saem dali. Isso porque a absolvição que lhes falta não é a externa, que permita a elas ter uma vida livre, mas a interna, aquela que elas não se dão. Assim, continuam prisioneiras sempre das mesmas culpas, lamentações, traumas, sofrimentos.

Entender o que nos acontece é precioso, mas essa atitude deve ser acompanhada do movimento de perceber o caminho de solução. Perceber é muito mais que entender. É saber com o corpo todo. É integrar o sentir com o refletir, o sensorial com o cognitivo, captando os sinais da alma, do *self*, daquilo que é necessário ser feito. Perceber é intuitivo, entender é lógica.

É interessante o motivo pelo qual, na língua portuguesa falada no Brasil, dizemos "eu entendi" quando queremos expressar compreensão. No português de Portugal se diz "eu percebi". Conta-se que alguém, um dia, perguntou a um português o porquê dessa diferença. Ele, com estupefação, respondeu com sabedoria: "Oras, perceber é muito mais que entender". Sim, é um movimento muito mais amplo.

Quem somente entende pode não se comprometer com aquilo que entende. Quem percebe sente no corpo e na alma o movimento acontecer.

Por exemplo: uma pessoa que se queixa da dor de algo que lhe faltou na infância pode passar a vida em terapia, fazendo uma lista das faltas que causaram dor e dos motivos pelos quais sofre. Pode reconhecer ou ser informada da postura materna ou paterna e entender caminhos que a levaram a sentir-se como sente. Ela pode usar isso para ampliar-se e mover-se na direção de uma vida mais livre de sofrimento e em paz, ou então pode dar uma bela explicação do motivo pelo qual sofre e ficar prisioneira do seu sofrimento. Quem assim age costuma dar aula sobre seu infortúnio, torna-se *expert* na sua dor e hóspede permanente da cela interior da lamentação, da depressão, dos pânicos e das fobias sem se libertar.

No entanto, se essa mesma pessoa for levada a perceber o amor dos pais como foi possível e, oportunamente, sentir esse amor – o que técnicas como a da constelação familiar podem proporcionar –, poderá mover-se na direção da solução. Isso porque a percepção é um movimento em si mesmo, que não deixa a pessoa na mesma condição em que estava antes. Quem percebe, sente e se transforma.

O entendimento segue a lógica cartesiana. A percepção é fenomenológica.

O entendimento precisa de causa e consequência, ação e reação. A percepção prescinde da causalidade porque se move em um nível mais profundo de sensibilização e impressão.

Quem percebe se renova.

Vêm-me à mente, então, os relatos de pessoas transformadas pelo contato com Jesus nas tradições cristãs. Desde aquelas que comungaram com Ele, de Sua presença e intervenção, até aquelas que hoje exercitam a conexão com Ele. Esses relatos são de pessoas que se sentiram movidas internamente por um amor ou por uma sabedoria que as tocou. Algumas delas nem sabiam por que, mas sentiram que não poderiam continuar sendo as mesmas. O intelecto não compreendeu, mas a alma sentiu e se entregou, alimentada.

A percepção tem esse poder transformador.

Por isso, as pessoas que são muito intelectuais podem se beneficiar de experiências afetivas nas quais abram mão do intelecto e da compreensão racional e se permitam sentir. Isso pode ser vivido na meditação, na prática da ioga, na dança, nas constelações e nas experiências espirituais, por exemplo.

Da mesma forma, quem é muito sentimento pode se beneficiar da compreensão racional que dê piso e sustentação para as ações e para a vida objetiva.

As soluções requerem a integração entre cognição e afeto que defina decisões e atitudes.

Para que seja libertador, o entendimento precisa virar ação pacificadora, interna ou externa.

ENTENDER O QUE NOS ACONTECE É PRECIOSO, MAS ESSA ATITUDE DEVE SER ACOMPANHADA DO MOVIMENTO DE PERCEBER O CAMINHO DE SOLUÇÃO.

ATITUDE DE FRATERNIDADE: CONEXÃO COM O SAGRADO

SEJA VOCÊ A MUDANÇA
QUE QUER VER NO MUNDO.

» MAHATMA GANDHI

O MUNDO ESTÁ REPLETO DE RELIGIÕES E denominações que pretendem intermediar o entendimento e a relação do homem com o Criador. Algumas delas propõem rituais exteriores de adoração; outras, de aceitação do intermediário junto a Deus que nos represente – como Jesus, por exemplo –; outras, ainda, propõem movimentos de autoconsciência e despertar espiritual. Todas pressupõem uma conexão íntima, de níveis variados, com o sagrado.

A palavra religião vem do latim *religare*, que significa reconexão com o divino. É a isso que as religiões se propõem. No entanto, se a vivência de espiritualidade ou religiosidade nos leva a estabelecer preconceitos, discriminações, partidarismos ou exclusivismos de bênçãos, ela nos distancia da fonte à qual se propõe nos conectar.

Deus é um conceito abstrato, de fácil imaginação e difícil conceituação, porque transcende todas as nossas definições humanas. Para a grande maioria das pessoas, ainda vigora a imagem antropomórfica do Deus judaico-cristão, cheio de características nossas Nele projetadas. É com esse Deus que boa parte das pessoas se relaciona e é Nele que se inspiram, vivendo o binômio culpa-castigo ou merecimento-bênção como *modus operandi*, que é igualmente projetado nas relações com os seus iguais.

Anelamos a luz e vivemos produzindo sombras nas relações humanas.

Sem dúvida, somos luzes menores que espelham a luz maior, seja qual for o nome que damos a ela. Nascemos dessa fonte e sonhamos a ela nos integrar, harmonicamente, no concerto do universo no qual cada nota individual produz o seu som, mas que, somadas, formam a melodia coletiva do amor universal. Para isso, é preciso não só que cada um aprenda a extrair a sonoridade particular de sua própria vida, mas que igualmente saiba se integrar à coletividade, em família.

Nesse sentido, a fraternidade é um sentimento notável, uma atitude magna que merece toda a nossa atenção. Ela é um conceito filosófico profundamente ligado às ideias de liberdade e igualdade com as quais forma o tripé que caracterizou grande parte do pensamento revolucionário francês: liberdade, igualdade e fraternidade.

A fraternidade, muito confundida com caridade e solidariedade, diferencia-se destas, pois pressupõe a dignidade pessoal intrínseca de cada ser humano, com todos os direitos particulares, sociais, de cidadania e de responsabilidade pessoal que lhe são inerentes.

A Declaração Universal dos Direitos do Homem afirma que "todos os homens nascem livres e iguais em dignidade e direitos. São dotados de razão e de consciência e devem agir uns para com os outros em espírito de fraternidade".

O princípio da dignidade que sustenta o conceito de fraternidade é que todos os homens e mulheres são iguais entre si, sem hierarquia que os diferencie, e eles devem tratar-se como irmãos. Assim, o direito de cada um termina onde começa o direito do outro, e o princípio dos interesses e direitos coletivos se impõe como prioritário perante o direito individual em uma sociedade justa e harmônica.

Quando esse conceito de fraternidade é assimilado e todo ser humano é visto com sua dignidade fundamental, desaparecem os motivos de conflito que nos segregam, separam, dividem e fragmentam.

Se Deus é pai e se o Pai é nosso, como afirma a cristandade, o outro é família e parte de um todo maior ao qual nos conectamos.

Respeitar, pois, a dignidade do outro nos conecta de uma maneira poderosa, cheia de honra e de afeto, que promove a vivência de valores nobres e o despertar das melhores possibilidades de crescimento, realizações e progresso.

É por meio do reconhecimento da dignidade do outro que temos a nossa igualmente reconhecida e validada, conectando-nos a algo maior. A fraternidade é o sentimento e a atitude que nos liga a Deus, ao humano que somos e ao que está diante de nós. É a conexão profunda com o sagrado que permite que a intimidade profunda com o Pai se converta em movimento vivo de conexão, reconciliação e partilha.

Ser fraterno implica reconhecer livres a si mesmo e ao outro, respeitando o direito de ir e vir e as escolhas pessoais. Quando há submissão e jogo de poder, não há lugar para a fraternidade. Sem liberdade não é possível ser digno. E sem dignidade não há humanidade reconhecida em ninguém.

Agir com fraternidade requer se ver como igual ao outro, ainda que todas as diferenças sociais, políticas, econômicas e raciais exerçam uma evidente distinção. Ser igual não é ser ou fazer do outro uma cópia. Igualdade pressupõe respeito e validação das diferenças com estímulo à riqueza particular de cada ser, povo, cultura ou nação. Igualdade significa que nos vemos no mesmo nível, sem o falso senso de superioridade ou grandeza que diminui a dignidade do outro.

Verdadeiramente grande não é aquele que é maior que o outro, mas exatamente aquele que se reconhece igual, sem necessidade de estabelecer hierarquia. Esse que é realmente grande tudo faz para elevar o outro à sua altura ou para rebaixar-se, com dignidade, à altura do outro, para estabelecer uma ponte de comunhão ou contato, pois o que verdadeiramente importa não é o reconhecimento da altura de cada um, mas o quanto conseguimos nos comunicar, partilhar, integrar e fluir em uma interação amorosa e respeitosa.

A fraternidade é o elo com o sagrado que permite que a liberdade e a igualdade nos conecte em uma sinfonia universal, na qual tudo e todos têm o seu lugar e a sua hora de expressão para a harmonia do todo.

As tradições cristãs nos apresentam um profundo arquétipo da fraternidade na parábola do bom samaritano. Trata-se da história de um homem que é assaltado e abandonado à beira de uma estrada, desfalecido. Por ele passam dois representantes religiosos, que nada fazem. Pouco depois, um terceiro homem, um samaritano, cruzando a mesma estrada, o vê caído no caminho. Não o conhece, não sabe qual é a sua etnia ou a sua tribo, não consegue perceber se se tratava de um amigo ou um inimigo, de um benfeitor ou um malfeitor. Apenas vê que ali, caído na estrada, há um homem agredido e desfalecido, e se sente mover pela compaixão. Aproxima-se dele, cuida de suas feridas, coloca-o em seu cavalo e o leva até uma hospedaria, responsabilizando-se por ele integralmente. Esse é o amor fraternal.

O bom samaritano é um homem sem nome. Não quer destaque, não se preocupa com identificações, não tem endereço. É um ser humano que acolhe outro ser humano, um desconhecido. Por quê? Porque lhe reconhece digno. Porque se vê ali no lugar do outro e sabe que poderia ser ele a necessitar da compaixão alheia para manter a sua saúde ou a sua integridade física. Porque reconhece nele um irmão que necessita de seu auxílio e a si mesmo como uma fonte de bênçãos e misericórdia, em nome do amor. Ajuda-o sem humilhá-lo, sem alardear.

A atitude fraterna exalta a dignidade do outro e o ponto de comunhão que nos integra sem alarde, porque o que é importante nessa conexão não é a exaltação da personalidade, mas a da grandeza de todos, juntos.

A fraternidade nos faz família e esta não conhece fronteiras.

Tudo e todos têm um lugar de amor no universo, e, quando aprendemos a reconhecer essa inclusão universal, podemos nos sintonizar com ela, fazendo-nos pontes entre os corações por meio da dignidade e do afeto. Isso é a fraternidade sem fronteiras.

Tenho a alegria de fazer parte de um grupo com esse nome,[18] a Organização humanitária Fraternidade sem Fronteiras, que tem me dado preciosas oportunidades de aprendizados nesse sentido. Hoje, em 2024, ela está presente em oito países com quase oitenta polos de trabalho, e acolhe diretamente mais de trinta e sete mil crianças órfãs e adultos vulneráveis (refugiados de guerra), sobretudo na África – em Moçambique, em Madagascar, no Malawi, na República Democrática do Congo e no Senegal -, além do Brasil, Haiti e Estados Unidos

Muitas caravanas seguem para os diversos polos de trabalho na África, com voluntários que pagam suas próprias despesas e que servem como for necessário, sem exigências. São pessoas de várias partes do Brasil e de outros países que deixam seus lares e se unem movidas por um só propósito: ser úteis.

Essas caravanas partem cheias de doações e auxílios para minorar a dor dos que vivem em condições, muitas vezes, consideradas sub-humanas, de grande miséria física. No entanto, esse auxílio não é um movimento de caridade como ela é comumente entendida e vivida, de pessoas que se sentem superiores e oferecem o que lhes sobra. É um movimento de dignificação pessoal, de todos. Daqueles que doam e dos que recebem. São todos iguais.

O mais frequente é vermos caravaneiros emocionados quando percebem a força e a alegria daqueles povos

---

18. Seja um padrinho ou uma madrinha da Organização humanitária Fraternidade sem Fronteiras. Conheça o trabalho em: <www.fraternidadesemfronteiras.org.br>. Acesso em: 9 jun. 2024.

mesmo nas circunstâncias mais difíceis, e quando recebem deles muito mais do que levaram. Muitos compartilham que curaram dores interiores de menos-valia, de mágoas ou lamentações da vida, ou que uniram partes fragmentadas de si mesmos por meio de um abraço, de um sorriso ou de uma caminhada silenciosa ao lado daquelas pessoas tão ricas de afeto, força e dignidade. Outros relatam que descobriram um sentido maior para suas vidas ao perceberem o quanto se pode fazer e ser independentemente das circunstancias.

O sentimento e a atitude de fraternidade conectam os corações, diminuem as distâncias e promovem comunhão na humanidade e na compassividade.

A médica de família e comunidade Janaíne Camargo de Oliveira é mais do que uma caravaneira – ela se tornou médica temporária em Madagascar e trabalhou lá por alguns anos – e nos dá um lindo depoimento sobre esse movimento fraterno ao contar a história de uma paciente:

VAZAHA FIANAKAVIANA

Ela chegou atribulada. A semana de atendimento na clínica se encerrava, mas ela insistiu em aguardar uma vaga extra ao final do dia. Precisava pegar um remédio para o seu problema de coração. Aturdida, não compreendi como aquela mulher forte, agricultora, minha conhecida de longa data poderia estar usando um remédio para insuficiência cardíaca avançada, a digoxina.

"Quem lhe deu esse remédio?", perguntei. "Foi alguém aqui na clínica", ela respondeu. Começamos uma querela sem fim: insisti quatro vezes que aquele medicamento não lhe fora receitado por alguém ali. E ela me respondeu, quatro vezes também, contando quatro diferentes histórias: o remédio era para ela; era para o filho; era da caravana; era de um atendimento em outra cidade.

Senti dificuldade para lidar com as mentiras. Pensei em deixá-la ir, mas isso feria meus valores como médica de família e comunidade. Meu ego me perguntava: "Nós duas temos tanto vínculo, por que ela não confia em mim?".

Em frações de segundos, como sempre acontece com as experiências transformadoras da vida, fiz contato com as minhas próprias emoções, no meu íntimo. Percebi a dor que habitava em mim: doía não conseguir acessá-la, aquilo me fazia sentir diminuída como profissional... Mas senti compaixão por mim mesma quando percebi o meu desejo sincero de ajudar, ainda que não soubesse como. Lembrei-me de me perguntar: "Quão disponível estou?".

Então, a compaixão transbordou. Só doamos aquilo que temos. Respirei fundo. Sentei-me ao seu lado, peguei em sua mão e nos olhamos nos olhos. Eu disse com todo o meu coração: "Eu amo você e quero ajudá-la. Por favor, diga-me o que está acontecendo". As lágrimas que marejaram os seus olhos terminaram por derrubar qualquer barreira que ainda havia entre nós. A empatia é um processo humano espontâneo quando nos fazemos disponíveis.

Ela chorou. Contou-me que seu pai falecera. Ele era um dos nossos pacientes com câncer. Compreendi a sua dor. Então, ela seguiu mais longe na narrativa: ele falecera na véspera, e ela havia recebido a notícia naquele dia em que conversávamos, às quatro horas da manhã. Ela tinha marchado por doze quilômetros areal adentro até poder compartilhar a dor da perda com sua família. No meio do velório, a dor em seu coração era tão grande que achou que não aguentaria. Caminhou os doze quilômetros de volta para chegar à clínica.

Na cultura malgaxe, vive-se o luto em família até que a revolta seja serenada e a perda, aceita. Sair do seio da família nesse momento não é comum, afinal, o corpo é a própria presença de Deus. Compreendi a força de sua dor integral (biopsicossocial-espiritual). Sua dor era viva e intensa.

Examinei-a pormenorizadamente. Tudo parecia normal. Comuniquei-lhe o meu diagnóstico: quando a tristeza é muito grande, o coração dói. Ela se lembrou de ter sentido aquela dor em outros momentos de tristeza. "Como vamos cuidar da dor?". Sorrimos. Demos nosso primeiro abraço e eu a acolhi.

Nós nos sentamos e eu sugeri: "Vamos rezar?". De mãos dadas, ela orou em malgaxe, agradecendo a Deus por muitas coisas, entre elas, pela *vazaha fianakaviana* ("estrangeira que é família"). Chorei. Não me senti merecedora de tanto amor. Agradeci a Deus pela minha vida e pelas escolhas feitas ao longo dela.

Então... ela não abandonara a família naquele momento, mas tinha ido viver o luto com ela. Abracei-a, emocionada, dessa vez recebendo mais que doando. Ela repetia para a residente Beatriz M Smp, que traduzia: *Vazaha fiananakaviana. Tena fianakaviana. Tena tena fianakaviana.* ("Estrangeira que é família. Muito família. Muito, muito família".)

A dor já parecia ceder. A de todos nós. Ela partiu com água para hidratação e algumas vitaminas. Eu fiquei ali, medicada com um tônico para a alma.

Muitas vezes, ouvi grandes médicos falarem sobre a importância de manter a distância emocional entre médico e paciente. Sempre disse aos meus residentes: "Cuidado para não acumular terra debaixo do tapete. Depois, não saberemos o que fazer com ela". A coragem de espiar debaixo do tapete me fez encontrar a compaixão e me conduziu para a cura.

O autoconhecimento percebe a terra debaixo do tapete antes que ela se acumule. O autoamor nos permite tocar a terra e levá-la para o terreno fértil, onde podemos semear o melhor de nós. Olhar para si mesmo é necessário. Amar a si mesmo, também.

Construir um mundo fraterno só depende de nós.

A FRATERNIDADE É O ELO COM O SAGRADO QUE PERMITE QUE A LIBERDADE E A IGUALDADE NOS CONECTE EM UMA SINFONIA UNIVERSAL, NA QUAL TUDO E TODOS TÊM O SEU LUGAR E A SUA HORA DE EXPRESSÃO PARA A HARMONIA DO TODO.

ESPIRITUALIDADE PRÁTICA, VIVA E ATIVA

27

AS MÃOS QUE SERVEM SÃO MAIS SANTAS DO QUE OS LÁBIOS QUE REZAM.

» MADRE TERESA DE CALCUTÁ

CERTA VEZ, PERGUNTARAM À MADRE TE-resa por que ela dava o peixe em vez de ensinar a pescar. A Madre, com sua simplicidade, respondeu: "Meu filho, essas pessoas têm fome. Façamos assim: eu dou o peixe e você as ensina a pescar".

É fácil criticar os outros e sugerir o que devem fazer, difícil é se comprometer com uma postura ou um trabalho que renove ideias, conceitos e realidades. Um amigo, Haroldo Dutra, chama aqueles que assim agem de "críticos de pijama". Acomodados no conforto de suas inações, criticam aqueles que se esforçam para realizar algo. Em tempos de mídias sociais, então, vê-se isso aos montes: *haters*, assediadores e críticos contumazes de Facebook e Instagram estão sempre dispostos a ver o lado negativo de algo ou alguém.

Nos meios espiritualistas também é comum tal realidade, afinal, os buscadores da luz não são, necessariamente, aqueles que a encontraram, mas, em sua maioria, aqueles que estão cansados das trevas e desejosos de alimentar o coração com a luz que viram brilhar em alguém ou alguma filosofia.

Como transito muito nesse meio, há mais de vinte anos, conheço-o bem, em mim e ao meu redor. Somos críticos e criticados e nos igualamos na nossa humanidade falível e imperfeita, nos esforços de nos conhecermos, nos autoconquistarmos e nos autossuperarmos.

Por estar envolvido em muitas frentes de estudo e trabalho, e por ter publicado livros e fazer palestras, ouço com certa frequência: "Você é muito iluminado". E, sem nenhuma modéstia, respondo: "Sou mesmo". E acrescento: "Mas a luz que me ilumina ainda não é minha, ela me é dada, por misericórdia, por aqueles que a têm e que, por amor, não desistem de mim. Mas, chegarei lá, já me decidi. Estou em busca de acender a minha própria luz e um dia conseguirei. No momento, esforço-me nos exercícios de empatia, ainda na primeira classe desse longo período de aprendizado, mas já desfruto a alegria daquele que se sabe matriculado e em aprendizado.".

Somos todos aprendizes. Quando pensamos que algo nos pertence e que o "eu" pode existir sem o "nós", vivenciamos a doença da fragmentação que nos traz tanta dor. Somos parte de um grande todo, e tudo está interconectado em harmonia. Procurar a unidade perdida é o grande movimento de cura interior que nos conecta ao poder maior – Deus, na linguagem religiosa, ou o todo, na linguagem mística – que governa a vida, a tudo e a todos.

A espiritualidade é vazia quando não se converte em elemento transformador da vida de cada um de nós.

Afirma-se com propriedade que religiosidade é procurar Deus em toda parte, ao passo que espiritualidade é encontrá-lo no endereço certo: no próprio coração.

Somos divinos em essência e em natureza.

Deixar brilhar a nossa luz é o grande anseio do *self*.

Cada um de nós é portador de uma sabedoria particular, de uma grandeza singular, de uma beleza própria, pois cada ser humano é uma criação divina inigualável.

Somos uma experiência única do amor de Deus. Como nós, não há ninguém. Fazer, pois, brilhar a nossa luz interior é um movimento de honra e gratidão a essa unicidade divina e maravilhosa e que igualmente se repete na união biológica do pai e da mãe que nos transforma em suas continuações originais e singulares.

Fazemos brilhar a nossa luz quando nossa espiritualidade, esse sentido e esse propósito íntimos, move-nos na direção de atitudes e posturas de renovação, de nós mesmos e do ambiente do qual fazemos parte.

Quando olhamos para os grandes mestres ou referenciais da humanidade, nós nos damos conta de que eles eram pessoas que não só tiveram uma experiência espiritual e uma iluminação particular que ampliaram sua consciência, mas, sobretudo, que foram pessoas que promoveram transformações nos meios em que se encontravam, tendo sido o fermento que levedou a massa e proporcionou o seu crescimento. Não se contentaram em iluminar-se a si mesmas, interiormente, mas sentiram o chamado para semear aquilo que já colhiam em sua intimidade.

Mahatma Gandhi, Albert Schweitzer, Buda, Jesus Cristo, Madre Teresa, Irmã Dulce, Francisco Cândido Xavier, dentre tantos outros, foram personalidades que se destacaram por viverem uma vida de serviço e de comunhão com o sagrado. Todos eles foram portadores de ideias e conceitos que revolucionaram suas comunidades e iniciaram movimentos de transformações íntimas e coletivas, profundas e duradouras.

Certamente, esses "avatares" estão em um ponto de conexão com o divino que foge ao habitual do homem comum, como eu e, talvez, você, que me acompanha por estas páginas. Mas eles nos servem de inspiração para aquilo que temos de realizar por nós mesmos e pela vida.

As perguntas que me faço, inspirando-me nessas vidas, são: O que posso fazer para que minhas crenças se convertam em serviço renovador de tal maneira que haja coerência entre meus valores e minha prática, entre minhas ideias e meu legado no mundo? E, sobretudo, como posso utilizar tudo isso para ter mais paz e alegria interiores?

O mundo não precisa de mais pessoas cristãs, muçulmanas, budistas ou de qualquer outra denominação religiosa. O mundo precisa que cada um que se identifique com essas filosofias e princípios renovadores seja uma carta viva dos seus ideais, e em cuja vida a coerência entre discurso e prática seja evidente.

O movimento que pretende nos aproximar de Deus ou de um sentido espiritual da vida, mas que nos faz sentir privilegiados, melhores ou superiores ao outro, não é um movimento que tenha força ou que sustente o voo a planos mais altos de consciência e vida.

Uma espiritualidade que nos conecta ao outro é prática, viva e ativa; ela revela o sagrado. Ela nos faz iguais, não melhores. Ela nos faz irmãos, não filhos únicos.

Há muita grandeza em perceber a beleza da singularidade de Deus no outro, assim como há em reconhecê-la em si mesmo.

Compaixão, ternura, bondade, perdão, aceitação e muitos outros sentimentos são virtudes que vivemos nos relacionamentos e que implicam troca e partilha.

Em Mateus (25:40), a mensagem de Jesus aos apóstolos, ao falar da "volta do filho do homem", revela uma figura arquetípica de conexão com o sagrado. Jesus diz que seriam recompensados aqueles que o deram de comer, de beber, de vestir, que o visitaram... E quando questionado sobre quando fizeram isso por ele, Jesus respondeu: "[...] Em verdade vos digo que, quando o fizestes a um destes meus pequeninos irmãos, a mim o fizestes".

O que Jesus revela nessa imagem figurada é que Ele, como representação de Deus na filosofia cristã, está intimamente conectado ao homem, de tal maneira que quem ama ao seu irmão a Ele ama.

É o mesmo que Ele ensina a Pedro, em sua terceira aparição após a crucifixão, como vemos em João (21:15-17):

> Depois de comerem, Jesus perguntou a Simão Pedro: "Simão, filho de João, você me ama realmente mais do que estes?". Disse ele: "Sim, Senhor, tu sabes que te amo". Disse Jesus: "Cuide dos meus cordeiros".
>
> Novamente Jesus disse: "Simão, filho de João, você realmente me ama?". Ele respondeu: "Sim, Senhor, tu sabes que te amo". Disse Jesus: "Pastoreie as minhas ovelhas".
>
> Pela terceira vez, ele lhe disse: "Simão, filho de João, você me ama?". Pedro ficou magoado por Jesus lhe ter perguntado pela terceira vez "Você me ama?" e lhe disse: "Senhor, tu sabes todas as coisas e sabes que te amo". Disse-lhe Jesus: "Cuide das minhas ovelhas".

Parece que Jesus se esforça permanentemente para que aqueles que são os seus iniciados compreendam que um amor a Deus sem um amor ao próximo é um amor vazio, sem sentido. Ele insiste para que todos percebam que o homem e Deus são uma unidade. Sua morte testemunha isso, de forma simbólica.

A cruz de Cristo é um símbolo do encontro da horizontal humana com a vertical divina. No centro está Jesus, imolado pela ignorância, testemunhando a coerência da unidade de seus princípios e de sua vida.

A cruz nos mostra que, quanto mais aprofundamos a relação com o alto, na vertical ascendente, mais também nos ligamos às profundezas de nossa natureza humana. E quanto mais fazemos ambos os movimentos, mais nos conectamos àqueles e àquilo que está ao lado, igual, semelhante, próximo, familiar.

Se ligarmos as pontas da cruz, teremos um movimento contínuo: de Deus para o próximo, do próximo para nós, de nós para o próximo, do próximo para Deus e do centro de nós para Deus e de Deus para nós. É a espiral divina da expansão consciencial e do despertar da sacralidade divina da nossa humanidade.

Se nos compenetramos disso, não só a espiritualidade se converte em um movimento de sentido e significado profundos de vida para nós, mas sobretudo em um campo de serviço à vida no qual nos fazemos servidores, colocando o nosso melhor na alegria da comunhão e da partilha.

Aquele que serve encontra a alegria de viver; afinal, o serviço é o caminho que promove o viço do ser.

UMA ESPIRITUALIDADE QUE NOS CONECTA AO OUTRO É PRÁTICA, VIVA E ATIVA; ELA REVELA O SAGRADO. ELA NOS FAZ IGUAIS, NÃO MELHORES. ELA NOS FAZ IRMÃOS, NÃO FILHOS ÚNICOS.

HÁ MUITA GRANDEZA EM PERCEBER A BELEZA DA SINGULARIDADE DE DEUS NO OUTRO, ASSIM COMO HÁ EM RECONHECÊ-LA EM SI MESMO.

© 2020–2024
by Cura Interior
[selo da Ame Editora]

© 2025
by Organizações Candeia
[selos editoriais Infinda e InterVidas]

DIREITOS AUTORAIS
Fraternidade Sem Fronteiras
CNPJ 11 335 070/0001-17
fraternidadesemfronteiras.org.br

DIREITOS DE EDIÇÃO
Organizações Candeia Ltda.
CNPJ 03 784 317/0001–54   IE 260 136 150 118
R. Minas Gerais, 1520   Vila Rodrigues
15 801–280   Catanduva SP
17 3524 9801   intervidas.com

DIRETOR GERAL
Ricardo Pinfildi

DIRETOR EDITORIAL
Ary Dourado

ASSISTENTE EDITORIAL
Thiago Barbosa

CONSELHO EDITORIAL
Ary Dourado, Ricardo Pinfildi,
Rubens Silvestre, Thiago Barbosa

Dados Internacionais de Catalogação na Publicação
[CIP Brasil]

M838a
MOREIRA, Andrei [*1979–]
Atitude
Andrei Moreira
Catanduva, SP: Infinda, 2025
320 p. ; 15,7 × 22,5 × 1,7 cm ; il.

ISBN 978 85 92968 22 9

1. Constelação familiar **2.** Família
3. Relações humanas **4.** Autoajuda
5. Desenvolvimento pessoal **6.** Comportamento
7. Espiritualidade **8.** Psicologia aplicada

I. Moreira, Andrei [*1979–]. **II.** Título

CDD 158.1 CDU 159.942

ÍNDICES PARA CATÁLOGO SISTEMÁTICO
1. Constelação familiar : Família : Relações humanas
: Psicologia aplicada 158.2
2. Autoajuda : Desenvolvimento pessoal : Comportamento
: Psicologia aplicada 158.1

EDIÇÕES

CURA INTERIOR
1.ª ed., 2020–2024, 4 mil exs.

INFINDA
1.ª ed., Mar/2025, 2 mil exs.

Impresso no Brasil   *Printed in Brazil*   *Presita en Brazilo*

COLOFÃO

TÍTULO
Atitude

AUTORIA
Andrei Moreira

EDIÇÃO
1.ª edição

EDITORA
Infinda [Catanduva, SP]

ISBN
978 85 92968 22 9

PÁGINAS
320

TAMANHO MIOLO
15,5 x 22,5 cm

TAMANHO CAPA
15,7 × 22,5 × 1,7 cm [orelhas 9 cm]

CAPA ORIGINAL
Leonardo Ferreira | Kartuno

CAPA ADAPTADA
Ary Dourado

REVISÃO [CURA INTERIOR]
Elza Silveira

REVISÃO
Beatriz Rocha

**PROJETO GRÁFICO
[CURA INTERIOR]**
Leonardo Ferreira | Kartuno

DIAGRAMAÇÃO [CURA INTERIOR]
Rodrigo Guimarães | Kartuno

**PROJETO GRÁFICO
& DIAGRAMAÇÃO**
Ary Dourado

TIPOGRAFIA CAPA
(YDS) Eveleth Dot [Light, Regular]
(Latinotype) Branding SemiBold

TIPOGRAFIA TEXTO PRINCIPAL
(Latinotype)
Branding Medium 11,5/15

TIPOGRAFIA EPÍGRAFE
(YDS) Eveleth Dot Light 10/13

TIPOGRAFIA CITAÇÃO
(Latinotype)
Branding SemiBold 10,5/15

TIPOGRAFIA TÍTULO
(YDS) Eveleth Dot Light
[28/32, 48/48]

TIPOGRAFIA NOTA DE RODAPÉ
(Latinotype)
Branding SemiBold 10/13

TIPOGRAFIA OLHO
(YDS) Eveleth Dot Light 12/16

TIPOGRAFIA LEGENDA
(Latinotype) Branding Bold 9/11

TIPOGRAFIA COLOFÃO
(Latinotype)
Branding Medium 8/11

TIPOGRAFIA DADOS
(Latinotype)
Branding Medium 9/11

TIPOGRAFIA FÓLIO
(YDS) Eveleth Dot Light 10/15

MANCHA
103,3 × 162,5 mm 31 linhas
[sem fólio]

MARGENS
17,2 : 25 : 34,4 : 37,5 mm
[interna : superior
: externa : inferior]

COMPOSIÇÃO
Adobe InDesign 20.1
[macOS Sequoia 15.3]

PAPEL MIOLO
ofsete Sylvamo Chambril Book
75 g/m²

PAPEL CAPA
cartão Bohui C1S 250 g/m²

CORES MIOLO
1 × 1: Pantone 300 U

CORES CAPA
4 × 1: CMYK × Pantone 300 U

TINTA MIOLO
ACTEGA Premiata

TINTA CAPA
ACTEGA Premiata

PRÉ-IMPRESSÃO CTP
SCREEN PlateRite 8300S

PROVAS MIOLO
Epson Stylus Pro 9880

PROVAS CAPA
Epson Stylus Pro 4880

IMPRESSÃO
processo ofsete

IMPRESSÃO MIOLO
Man Roland Rekord

IMPRESSÃO CAPA
Man Roland 704

ACABAMENTO MIOLO
cadernos de 32 pp.,
costurados e colados

ACABAMENTO CAPA
brochura com orelhas,
laminação BOPP fosco,
verniz UV brilho com reserva

PRÉ-IMPRESSOR E IMPRESSOR
Rettec Artes Gráficas
[São Paulo, SP]

TIRAGEM
2 mil exemplares

TIRAGEM ACUMULADA
6 mil exemplares

PRODUÇÃO
março de 2025

Infinda e InterVidas
são selos editoriais das
Organizações Candeia

 intervidas.com

 intervidas

 editoraintervidas

Ótimos livros podem mudar o mundo. Livros impressos
em papel certificado FSC® de fato o mudam.

Conheça as outras obras do autor

 andreimoreira.com

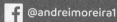 @andreimoreira1

 @andreimoreira

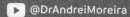 @DrAndreiMoreira

O autor cedeu integralmente os direitos autorais à FSF